U0818923

《互动词海》丛书

记录中国 2011

热词

互动百科 ◎ 主编

语文出版社
·北京·

图书在版编目(CIP)数据

IN 词记录中国 2011/互动百科网站编. —北京:
语文出版社,2011
ISBN 978-7-80241-373-3

Ⅰ. ①I… Ⅱ. ①互… Ⅲ. ①汉语—社会习惯语—
汇编 Ⅳ. ①H136.4

中国版本图书馆 CIP 数据核字(2012)第 001826 号

《互动词海》丛书
IN CI JILU ZHONGGUO 2011
IN 词记录中国 2011
互动百科 主编
*
语 文 出 版 社 出 版
100010 北京朝阳门南小街 51 号
E-mail:ywcbsywp@163.com
新华书店经销 北京鑫海达印刷有限公司印刷
*
890 毫米×1240 毫米 32 开本 8.5 印张 197 千字
2012 年 1 月第 1 版 2012 年 1 月第 1 次印刷
印数:1-4,000 定价:20.00 元

本书如有缺页、倒页、脱页，请寄本社发行部调换。

IN词记录中国，
汉语生生不息。

周有光
2011-03-25

时年106岁

著名语言文字学家、106岁老人周有光为丛书题词：

IN词记录中国 汉语生生不息

《IN词记录中国》编委会

名誉主编

李宇明：国家语言文字工作委员会副主任、
教育部语言文字信息管理司司长

编委会成员

王旭明：语文出版社社长
高　钢：中国人民大学新闻学院党委书记、
博士生导师
祝华新：人民网舆情监测室秘书长、
《网络舆情》执行总编辑
十年砍柴：著名时评人、文史作家
潘海东：互动百科创始人、董事长兼首席执行官
吴彦鹏：互动百科副总裁

目录 TABLE OF ECONTENT

一 2011年年度十大热词

二 IN生活

三 IN职场

四 IN网络

五 IN情感

六 IN时尚

七 IN族群

八 IN心理

一　2011年年度十大热词

Hold住

智愿者：王珍　IT奋斗者　柳林风声

“Hold住”，原是香港人创造的一大批中英混用词汇中的一个，港剧台词中亦常使用。2011年，经“Hold住姐”传播，几乎被用在了所有的场合，泛指面对各种状况都要控制、把持住，充满自信、从容地应对一切，同时也有给力、加油的意思。

热词背景

2011年8月9日，台湾娱乐节目《大学生了没》中，一位名叫Miss Lin的网友以夸张另类的造型、一口做作的英语、扭捏妖娆的姿态向大学生们介绍什么是Fashion。其极度夸张搞笑的表演震撼了所有观众，Miss Lin的口头禅是“整个场面我要Hold住”。

表演结束后，Miss Lin自信地说了一句“就算我搞错party，整个场面我要Hold住！”由于Miss Lin在表演时把比基尼穿在了衣服外面，加之其各种搞笑技艺让人笑到疯狂，整个画面十分喜感，她便被网友称作是“Hold住姐”，“Hold住”也因此走红。“Hold住”泛指面对各种状况都要保持住、坚持住，充满自信，从容应对一切。“要Hold住”也有给力、加油的意思，而“Hold不住”则相当于“伤不起”的用法。

本义及起源

在英语中，“Hold”有拿、抱、握住、顶住、控制、掌控等的意思。“Hold住” 是香港人创造的大批中英混用词汇之一。粤语里表达一个持续性的动作的话语的最后通常会带个“住”作为助词，如“咪住”，意为稍等、别急。

“Hold住”一词在粤语中是个常用词，后迅速蔓延至粤语使用地区广东及台湾，在粤语文化中原意为“暂时保持当前状态并且蓄势待发随时改变当前状态，也可以简单解释为等待时机进行一步动作”。

“Hold住”一词在粤语中还有一个近义词：“Keep住”，有保持，持有，保管的意思。

粤语例句

1. 你Hold住先，我摞支笔来记低。

意思是你先等一会儿，我拿支笔来记。

2. 情况有变，Hold住！ Hold住！

香港警匪片中常出现的对白，这是对“Hold住”最直白的解释，意思是情况有变，行动暂停，保持埋伏的状态，等待下一步行动。

《Hold住》歌

“不管怎样，我要Hold住
没钱打车，我要Hold住
乘坐地铁，我要Hold住
羡慕嫉妒，我要Hold住
空虚寂寞，我要Hold住
见了Hold住姐，我要Hold住
……”

史蒂夫·乔布斯

智愿者：司卫国　泪之河　杨　勇

史蒂夫·乔布斯，苹果公司的创办人之一，被认为是电脑业界与娱乐业界的标志性人物，人们把他视作Mac电脑、iPod、iTunes Store、iPhone、iPad等产品的缔造者，业界评论“苹果就是乔布斯，乔布斯就是苹果”。2011年10月5日，因胰脏内分泌神经肿瘤去世。

生涯简介

乔布斯大学只在波特兰里德学院念了一个学期便辍学。1976年，乔布斯与沃兹尼亚克成立苹果公司，共同使个人计算机在70年代末至80年代初流行开来，他也是第一个看到鼠标的商业潜力的人。

乔布斯在1985年苹果高层权力斗争中离开苹果并成立了NeXT公司，瞄准专业市场。同年，乔布斯获得了由里根总统授予的国家级技术勋章。

1997年，苹果收购NeXT，乔布斯回到苹果接任首席执行官，同年推出iMac，使苹果电脑度过财政危机。之后推出深受大众欢迎的iBook，Mac mini，Mac OS X操作系统，iPod，Apple TV和iTunes音乐商店等一系列广受市场好评的产品。

2007年6月29日，推出使用iOS系统核心的iPhone手机。

2008年6月11日，发布新一代产品iPhone 3G，首度支持3G功能。

2009年6月19日，发表第三代产品iPhone 3Gs。

2010年6月8日发布第四代产品iPhone 4。

2010年1月27日，推出首款使用iOS系统的iPad平板电脑。

家庭婚姻

乔布斯1955年2月24日生于美国旧金山，婴儿时期被保罗·乔布斯和克拉拉·乔布斯领养，两人目前均已过世。与妻子劳伦·鲍威尔相逢于哈佛大学，1991年结婚，与劳伦育有三名子女。乔布斯曾在23岁时育有一女，名为莉萨·乔布斯，但并未与其生母结婚。

成就

乔布斯的生涯极大地影响了硅谷风险创业的传奇，他将美学至上的设计理念在全世界推广开来。他对简约及便利设计的推崇为他赢得了许多忠实追随者。1985年，乔布斯获得了由里根总统授予的国家级技术勋章。

他曾七次登上《时代杂志》的封面，被认为是当时全球最为成功的计算机科学家以及商人之一。2007年，乔布斯被《财富》杂志评为了年度最强有力商人。2009年，被财富杂志评选为这十年美国最佳CEO，同年当选《时代周刊》年度风云人物之一。

人物评价

《经济学人》："乔布斯将技术与人性结合，追寻内心的直觉，从而取得了非凡的成就。"

《福布斯》："乔布斯的强大人格魅力、远见卓识和超凡品味无可复制，世上永远不会再有第二个乔布斯。"

奥巴马："乔布斯是美国最伟大的创新领袖之一，他拥有非凡的勇气去创造与众不同的事物，并以大无畏的精神改变着这个世界，同时，他的卓越天赋也让他成为了这个能够改变世界的人。"

高速铁路

智愿者：微微可口　柴旭阳　CCNA

高速铁路，一种营运速度较普通铁路更快的铁路运输方式。“高速铁路”至今在世界上仍然未有一致的定义，例如国际铁路联盟的建议是指通过改造原有线路使其设计速度达到200公里/小时，或新建线路的设计速度达到250公里/小时以上。于1964年开通的日本东海道新干线，是世界上第一个商业营运速度达到时速200公里以上的高速铁路系统。

热词背景

2011年6月30日，全长1300多公里的京沪高速铁路开通运营。京沪高铁开通初期发生多起停车晚点故障，引发人们对高铁的关注。7月23日晚，两列动车在甬温线浙江温州境内发生追尾事故，造成40人遇难，引发公众对高铁安全性的质疑。

各国标准

日本：日本政府在1970年发布第71号法令，为制定全国新干线铁路发展的法律时，对高速铁路的定义是，凡一条铁路的主要区段，列车的最高运行速度达到200公里/小时或以上者，可以称为高速铁路。

美国：美国联邦铁路管理局对“高速铁路”的官方定义为最高营运速度高于145公里/小时(90 mph)的铁路。

中国：中国铁道部对“高速铁路”的定义分为两部分：既有线改造达到200公里/小时和新建时速达到200～250公里/小时的线路，在这部分线路上运营的时速不超过250公里/小时的列车称为“动车组”；以及新建的时速达到300～350公里/小时的线路，这部分线路上运营的时速达到300公里/小时及以上的列车称为“高速动车组”。

高铁大事记

①1964年，全球首列高速列车在日本投入运行，时速为210公里。

③1981年，TGV列车在法国东南部正式投入运行，时速为260公里。

④1985年，德国开始进行高速列车试验，时速达到345公里。

⑥1988年，德国ICE成为全球首列时速达到400公里的高速列车。

⑦1990年，法国TGV运行时速达到515．3公里，创下世界纪录。

⑧1991年，德国ICE正式投入商业运行，时速为250公里。

⑨1992年，英吉利海峡隧道高速铁路建成，运行时速为300公里。

⑩1995年，韩国汉城至釜山高速铁路开工，设计时速为300公里，实验段1999年12月开通。

热词评论

“中国速度”让国人充满了期待，但7·23追尾事故让我们对高铁发展打了一个大大的问号。中国高速发展的经济少不了铁路的支持，没有理由停止高铁的发展，但需要放稳脚步，把问题考虑得更深入细致，让高铁科学、健康地发展是国人共同愿望。

地沟油

智愿者：bike1000　孤独鱼儿　麦呵德依

地沟油是一个泛指概念，是对各类劣质油的统称，一般包括潲水油、煎炸废油、食品及相关企业产生的废弃油脂等。地沟油最早是用来生产肥皂或皂液的。在利益的驱动下，一些不法商贩将地沟油处理后卖给酒店和食堂充当食用油，危害餐桌健康。

分类

有研究将地沟油分为三类：

1. 狭义的地沟油，即将下水道中的油腻漂浮物，或者将宾馆、酒楼的剩饭、剩菜(通称泔水)经过简单加工而提炼出的潲水油；

2. 劣质猪肉、猪内脏、猪皮加工及提炼后产出的油；

3. 用于油炸食品的油使用次数超过规定要求后，再被重复利用或往其中添加一些新油后使用的“老油”。

危害

1. 产生有毒物质。在炼制地沟油的过程中，动植物油经污染后发生酸败、氧化和分解等一系列化学变化，产生对人体有严重毒性的物质。砷是其中的一种，人们一旦食用砷含量较大的地沟油后，会引起消化不良、腹泻、头痛、头晕、失眠、乏力、肝区不适等症状。

2. 地沟油含铅量严重超标，会引起剧烈腹绞痛、贫血、中毒性肝病等症状。

3. 引发癌症。地沟油中含有黄曲霉毒素、苯并芘等致癌物质，可导致胃癌、肠癌、肾癌及乳腺、卵巢、小肠等部位癌肿。

生活建议

地沟油含有多种化学物质，实验室检测所有地沟油很难，目前中国还没有检测方法可以适用所有的地沟油。以下只是一些生活小建议：

1. 看油的颜色。好油看起来一定是透明澄亮的，颜色越透明澄亮越好。有沉淀的食用油不是很好，建议不要购买。

2. 看有效营养成分含量。不饱和脂肪酸的含量较高，则油较好。购买油时，可对比标注的含量。

3. 用热水涮。餐馆的菜，热水容易涮掉的油是较好的油，如果特别油腻，热水都涮不掉油，就是重复加热使用的坏油。

校　车

智愿者：且听水吟　海鸥99　下自成奚

校车，用来运送学生往返学校的一种交通工具。校车在发达国家比较多见，而在中国还是起步阶段。2011年，“校车”成为中国网络上的热搜关键词，校车安全问题一次次地刺痛公众神经，人们对校车的关注背后是对“撤点并校”等一系列问题的焦虑和思考。

热词背景

11月16日，甘肃正宁县榆林子镇一幼儿园校车发生事故。共造成21人遇难（其中19名为幼儿），18人重伤，26人轻伤。

11月26日，辽宁校车发生侧翻事故，数十名孩子受伤。

12月11日，国务院法制办公室就《校车安全条例（草案）》网络上公开征集意见。草案对校车赋予了三项优先权：校车运载学生时，交通警察应当指挥疏导校车优先通行；校车可以在公交专用车道以及其他禁止社会车辆通行但允许公交车辆通行的路段行驶；校车需在道路上停车上下学生时，后方车辆应当停车等待、禁止超越等。

12月12日，徐州丰县首羡镇一运送小学生校车侧翻。事故已造成15名学生死亡，尚有8名伤者正在治疗。

他国校车

1. 美国。美国校车的发展历史可以追溯到19世纪末。从1927

年，蓝鸟公共汽车公司制造了美国第一辆校车后，校车得到不断发展。根据美国交通局的统计资料，在美国目前一共约48万台校车穿梭于居民区和学校之间，每天要接送2600万名中小学生。美国有专门的《校车法》，规范各部门、各利益主体在校车运行当中所负的职责。

2. 英国校车。2003年，英国新校车正式投入运行。车身颜色也由该国传统的红色，改为国际广泛使用的深黄色。按照规定，所有儿童不论有没有保险，一登上校车，安全全部由校车负责。

3. 加拿大校车。加拿大校车被誉为“世界第一安全校车”，除法规严格外，全国统一的规范标准从硬件上保障了孩子的安全。与美国校车相似，加拿大校车停下后，就会从车头一侧向前伸出一根约1米长的黄色交通标志杆，表示不可靠近;从校车的侧面横向伸出另一交通标志杆，上面写着“停”，警示其他车辆停驶。在加拿大的很多地方，超校车是违反交通规则的行为，要被罚款、扣分。因此，校车是加拿大最安全的儿童运输工具，有关的死亡事故为零。

郭美美

智愿者：小迷糊神　双重洗礼　莫小夏

郭美美，原名郭美玲，因其用认证为“中国红十字会商业总经理”的微博，网上炫富，因牵扯上“中国红十字会”而引起广泛关注及争议。

走红背景

2011年6月21日，新浪微博上一个名叫“郭美美Baby”的网友颇受关注，这个自称“住大别墅，开玛莎拉蒂”的20岁女孩，其认证身份是“中国红十字会商业总经理”。年轻、名车、豪宅……这一系列元素，引发公众对中国红十字会的质疑。如果说“郭美美风波”伤害了公众的慈善热情，那么，这场由专家、媒体、业界和公众共同参与的社会大讨论，也凝聚起了关于慈善的诸多共识。透明公开才是现代慈善的灵魂，慈善机构只有经得起监督，才能让民众捐的放心。

8月3日，郭美美及其母郭登峰，在第一财经电视《解码财商》中接受郎咸平专访。郭美美称，中红博爱股东王军（深圳地产商）是其“干爸”，豪车玛莎拉蒂正是王军赠送。

11月3日，郭美美与中红博爱董事局主席翁涛的一场微博大战，让郭美美事件重新进入公众的视野。郭美美指责翁涛为争夺中红博爱股权，而诬陷该公司董事王军包养郭美美为二奶，造成舆论失势退出股权。翁涛对此进行反驳。

慈善机构震荡

因郭美美牵扯进来的机构和个人包括：中国红十字会、天略集团、中红博爱公司、中国青少年发展基会、联合国教科文组织、北京车管所、国土资源部、财政部等，一时间，质疑链条上网住诸多机构和社会名人，慈善系统公信力受到严重挑战。

2011年11月5日，新上任的中国红十字会常务副会长赵白鸽，就“郭美美事件”回答记者提问时说，红十字会百年历史的背后，是无穷的人道主义精神，“……但是一个都没有被证实的网络事件，却可以用三天就把你打得稀里哗啦的。”

人物评价

著名球评人士兼作家李承鹏说：郭美美是一传奇女子，她小宇宙爆发，轻轻一点发送键就把一民间慈善协会的马甲，还原成官办爱心公司。

《光明日报》文章就郭美美事件评论称，该事不仅让中国红十字会交了一笔“昂贵的学费”，也使公众经历一次“失信之痛”。

伤不起

智愿者：宁静的心　小小米粒　曾苏群

伤不起，最初在豆瓣、校内上以文章标题的形式流行。2011年，从网帖“学法语的人你伤不起啊”开始，不计其数的网友“伤不起”，此词在生活中被广为传播。有评论认为“伤不起”既体现了全民娱乐时代的无厘头情绪化表达，更展示了国人因种种不如意而变得日益敏感的情绪和脆弱的神经。

热词背景

2011年3月一篇名为“学法语的人你伤不起啊！”的帖子，由“沪江法语”首先转发到微博，“两年前选了法语课！于是踏上了不归路啊！谁跟我讲法语是世界上最优美的语言啊！76不念七十六啊！念六十加十六啊！96不念九十六啊！念四个二十加十六啊！法国人数学好得不得了！有木有！电话号码两个两个念啊！176988472怎么念！不念一七六九八八四七二啊！念一百加六十加十六、四个二十加十八、再四个二十加四、再六十加十二啊！你们还找美眉要电话啊！电话报完一集葫芦娃都看完了啊！有木有！”

文本例句

《XXX你伤不起啊！》系列走红网络世界，帖子中“有木有”（即“有没有”）句式以简洁、明快的句式表达了如黄河之水奔腾不息的各种无奈、纠结、伤不起之情，迅速成为网友最爱。伤不起，更被评为十大恶俗标题之一，《手凉的女孩，你伤不起》；

《吃白色巧克力的女孩，你伤不起》；《穿红色秋裤的男子，你伤不起》；《不吃早餐的女生，你伤不起》……

1. 《办公室上班族你伤不起》

每天手机打卡机跟你作对有木有！聊个QQ还得小心被抓到有木有！上下班挤成饼干有木有！

2. 《学越南语的你们伤不起》

两年才有一个班，一个班不到30人啊！比四川的熊猫还稀有的物种啊有没有！越南人叫名字都只叫最后一个字啊！男人在宿舍楼下叫女友要叫“2栋401的芳”啊你见过没有！带上楼号房号才能避免重名下来一堆女人啊你见过没有！

2011年年度词语

“伤不起”被网友们评为2011年度词语。年度汉字作为网络时代的一种文化意象，在一定程度上关联着与经济、社会、文化相关的内容，2011年的食品安全事故、动车事故、校车安全事故，PM2.5……，让公众越来越“伤不起”。

“伤不起”意为屡屡受伤，伤痕累累，经不起伤害。这个原本表达哀怨抒情的词汇，在经过“咆哮体”引用后流行起来，多带有调侃和自嘲意味。

PM2.5

智愿者：振翮 微微可口 陈玉先的fans

PM2.5是指大气中直径小于或等于2.5微米的颗粒物，也称为可入肺颗粒物。它的直径还不到人的头发丝粗细的1/20。虽然PM2.5只是地球大气成分中含量很少的组分，但它对空气质量和能见度等有重要的影响。与较粗的大气颗粒物相比，PM2.5粒径小，富含大量的有毒、有害物质，且在大气中的停留时间长、输送距离远，因而对人体健康和大气环境质量的影响更大。

来源

PM2.5产生的主要来源，是日常发电、工业生产、汽车尾气排放等过程中经过燃烧而排放的残留物，大多含有重金属等有毒物质。一般而言，粒径2.5微米至10微米的粗颗粒物主要来自道路扬尘等；2.5微米以下的细颗粒物（PM2.5）则主要来自化石燃料的燃烧（如机动车尾气、燃煤）、挥发性有机物等。

危害

世界卫生组织公布的资料认为PM2.5会增加死亡的风险，世界卫生组织在2005年版《空气质量准则》中指出：当PM2.5年均浓度达到每立方米35微克时，人的死亡风险比每立方米10微克的情形约增加15%。在欧盟国家中，PM2.5导致人们的平均寿命减少8.6个月。

中国现状

在中国大部分地区，特别是工业集中的华北地区，PM2.5占到了整个空气悬浮颗粒物重量的大半。然而，中国的“影响空气污染指数”（API）却没有把PM2.5纳入监测之列，如果把PM2.5算入衡量国内空气质量指标当中，那么将会有80%以上的城市空气质量不合格。

防范建议

1. 大雾天戴好口罩再出门，防止毒雾由口鼻侵入肺部。冬春季节是灰霾多发季节，喜欢运动的人应该尽量避免户外运动。

2. PM 2.5空气污染容易出现的区域包括车流量大的街道、工业区，穿行或工作于这些区域者，可戴口罩进行防护。

3. 使用空气净化设备。空气净化器能够过滤掉大部分颗粒物，一些技术先进的空气净化器甚至能吸附消除0.01微米的颗粒物。

谣　盐

最新协作者：柴旭阳　沈小仙　唐宝云

2011年3月，中国大陆民众受海盐会被核辐射污染且能预防放射性碘的谣言的影响，大势抢购食盐，造成全国各地盐荒。类似于“服用碘盐可以抵抗核辐射”及“此后一段时间内生产出来的盐将受到核污染”的说法并无科学事实依据，只是某一部分人制造的谣言。又因为此事与盐有关，且与“言”谐音，故以“谣盐”代指“谣言”，亦代指此次抢购碘盐的事件。

事件经过

2011年3月11日，日本大地震导致福岛核电站发生爆炸，核辐射开始向外辐射。由于担心日本核泄漏污染海水、影响身体健康，16日开始，中国多地陆续爆发食盐恐慌性抢购，17日，江苏、山西、浙江、广东、北京、四川、安徽等多个地区食盐被抢购，许多地方盐价暴涨15倍，由原来的1元一袋变成15元一袋，多地食盐脱销。

据商务部监测，截止到3月19日17时，除个别省份的少数城市的小杂货店或小超市，因运输配送等方面的原因存在短时缺货现象外，其他地区都已恢复正常运行。

谣盐之最

租住在武昌熊家嘴的郭先生因囤盐意外走红网络，在抢购食盐风波席卷江城武汉时，他花去2．7万元一举抢购得13000斤食盐。世界卫生组织建议，成人每人每天摄入食盐量不应超过5克。郭先生抢购的食盐，可供他一人吃3500多年。

点评

抢盐的人群分为两种，一种是主动的抢购者，一种是迷茫的跟风者。当越来越多的普通人看到他们周围熟悉的人士加入浩浩荡荡的购盐大军时，恐慌升级，盐顿时成了宝贝。著名时评人十年砍柴点评到："东瀛地震，神州抢盐。如此盛世怪象，生动诠释何谓'蝴蝶效应'，环球同此凉热，诚不虚也！"

占领华尔街

智愿者：遥远遥远　唐宝云　vito3

占领华尔街是一连串主要发生在美国纽约市的集会活动，活动从2011年9月17日开始，上千名示威者聚集在美国纽约曼哈顿，试图占领华尔街。占领华尔街活动以2008年全球金融危机为背景，以美国巨大的失业率为导火索。

热词背景

这场被命名为“占领华尔街”的示威活动是加拿大范库弗州的一家反主流文化杂志Adbusters于2011年7月在社交网站“推特”上发起的，意在表达对美国金融制度偏袒权贵和富人的不满，声讨引发金融海啸的罪魁祸首。行动始于2011年9月17日，当日近千名示威者进入纽约金融中心华尔街示威，警方一度围起华尔街铜牛阻止示威者进入。抗议者摆出要为“民有、民治、民享”奋战到底的姿态，意在表达对美国金融制度偏袒权贵的不满。类似的集会运动相继出现在美国众多城市。

事件起因

失业率居高不下是触发示威的最主要导火索之一。根据美国劳工部公布的最新就业数据，8月份全美30州的就业人数下降，其中纽约州就业人数下降最多。深层次原因在于，美国有相当一部分公众普遍认为美国政府对华尔街金融大亨的监管不到位，其中也包含了对奥巴马政府的失望。

影响

1. 声势浩大。“占领华尔街”运动从纽约向全美各地扩散，包括德州奥斯汀、佛罗里达州坦帕、华盛顿、新泽西州的特伦顿和泽西城、休斯敦、洛杉矶和费城等地，纷纷都有民众举行集会抗议。

2. 美国纽约昆尼皮亚克舆情研究所2011年12月14日公布的一项民调显示，约半数纽约人反对纽约市长迈克尔·布隆伯格和纽约市警察处理“占领华尔街”运动的方式。半数以上的纽约人赞同“占领华尔街”抗议者的行为。

3. 诺贝尔经济学奖得主斯蒂格利茨也声援该运动，称少数富人和社会精英才是美国民主服务的对象。而一些媒体则认为“占领华尔街”是对美国政治家的一次考验，是检验美国民主成色的“试金石”。

Hold住史蒂夫·乔布斯高速铁路地沟油校车郭美美伤不起PM2.5酱盐占领华尔
生匆忙症不持有的生活假性减肥水胖孕傻F因素轻食主义女巫型白领职场损友吸血鬼型领导
90分钟计划毒舌上司办公室桌面形象八卦节TVB体数码毒瘾诗词混搭体萝莉节培根邮件高铁
隐离爱情恐慌建设性吵架格差婚财务出轨潮婚时代感情洁癖恐离假单亲熟年离婚时
中等身材宅内族不能说小姐温柔大男人反潮族维生素小姐没空小姐机男机女阿尔法男极客
综症治愈游戏美人冷感症奢侈心理学断网恐惧症周三症候群A型性格心理卸妆Hold
感力蒲式养生自残式养生晚娘脸裸烹蹭生活裸漂中药零食一口效应负营养轻生活人生
血型领导职场贱民辞职面试守寡式职位2030失业现象鸟式就业暑歇口袋技能性别落单默声
词混搭体萝莉节培根邮件高铁体有种体如果不学体头像性格宋词密码网络情人节私奔
时代感情洁癖恐离假单亲熟年离婚时尚奴隶穷时尚字母身材无龄系美女美丽进化宅休假化
小姐没空小姐机男机女阿尔法男极客文化粉丝电影闺蜜中国式父母月亮男途中旅客学
恐惧症周三症候群A型性格心理卸妆Hold住史蒂夫·乔布斯高速铁路地沟油校车郭美美伤
食一口效应负营养轻生活人生匆忙症不持有的生活假性减肥水胖孕傻F因素轻食主义女巫型
默声时代二群生活模板依赖症90分钟计划毒舌上司办公室桌面形象八卦节TVB体
说感情放养诺丁山情结主动单身相亲流话隐离爱情恐慌建设性吵架格差婚财务
左右法则音乐强迫症腰龄女性爷时代假面时代中等身材宅内族不能说小姐温柔大男人反潮

二 IN生活

睡眠负债

智愿者：下自成奚　兔吉祥　陈小蓓

睡眠负债，指由于主动限制睡眠时间而造成的睡眠不足。这一说法由美国斯坦福大学睡眠医疗中心的创建者、医学博士威廉姆·戴蒙提出是长期处于睡眠负债的状况中，不但会影响情绪、工作表现、还会减低记忆力、警觉性、注意力和判断力、并且加速老化造成肥胖，甚至引发其它严重的疾病。

形成原因

睡眠负债，非指失眠造成的睡眠不足，而是泛指主动限制睡眠时间的类型，如追电视剧、上网聊天、夜生活，当然也包括加班及补习等。此类睡眠失衡的原因主要在于两方面：

1. 由社会环境和生活工作压力造成的；

2. 自恃年轻气盛，以“生命随睡眠时间缩短”，“终身与睡魔做斗争”等做座右铭。

健康影响

睡眠失衡会引起白天思考记忆能力下降、心情情绪易激动、人的警觉力与判断力削弱，据统计近二成的意外事故与当事人睡眠不足症候有关。

提出“睡眠负债”一说的威廉姆教授强调，人体有记忆睡眠时间的功能。若每天睡觉时间少于6个小时，经过14天后，对于认知上的不良影响，等于是两天都没有睡觉的状态。日本的医学博士米山公启的对此作了补充，他认为补觉总比不补好，“可以在周末的时候将睡眠不足的部分补足，但是切记要在两周内将睡眠负债还清。总之，睡眠负债不可超过两周以上”。

保健方法

对于长期睡眠状况不佳的族群，以下方法可以帮助有效入睡、提高睡眠质量。

1. 足浴疗法：水温在42～45摄氏度，感觉暖和舒适为宜，要边洗边加热以保持水温，以此约15分钟，每天1次，一般在睡前进行，除盆后用干毛巾轻快地搓擦按摩脚趾和掌心，安神助眠效果更好。

2. 自我放松：首先舒服躺下，先正常呼吸，然后开始深呼吸，意守前阴和和后阴之间的会阴穴；从腹部开始深呼吸，使体内充满温暖的空气，全身跟着腹部的感觉起伏；吸气，并默默地从1数到5；呼气，不要用力，慢慢地从1数到5时呼完，重复数遍，直至慢慢产生睡意。

低温生活

智愿者：pajero　DJkiven　兔吉祥

低温生活即通过睡眠、锻炼等途径使身体尽量避免处于高温状态的一种生活方式。研究发现，低温环境可以使人更健康。

科学依据

研究发现，生活在寒带的人要比生活在热带的人长寿10～30年。科学家认为，生命活动是遵循“生命能”消耗规律而运作的，即一个人的“生命能”是有限的，消耗完了，生命也就画上了句号，故消耗越快，寿命越短。与高温相比，低温环境能减慢人体的基础代谢率，呼吸、脉搏、血压等生命机能的运作相对和缓，由此消耗的“生命能”也就随之减少。因此，有意识地调控“生命能”的消耗速度，寿命便能得以延长。

有关研究表明，当人体温降低3℃，体内的代谢率就可降低一半，机体的耗氧量仅为正常体温下的50%。由此推算，若能将人的体温降低2～3．5℃，人的寿命可能延长1倍以上。另有研究显示，大脑每降低1℃，氧代谢率可下降7%。

低温睡眠

平时提倡的每天7～8个小时的充足睡眠，实质上是一种在24小时中体温处于低谷的代谢状态，从广义上说也属于一种“低温保健”。

科学家试制出一种“特别冷房”，夜晚睡眠时可将体温降至15℃左右，次晨“冷房”便会自动升温，使人的体温渐渐恢复正常。让一个人生命历程的三分之一时间在“冷房”和类似的低温环境中睡眠，所节约的“生命能”相当可观，这将为延长寿命奠定坚实的基础。

科学家建议，在“冷房”睡眠尚不普及的情况下，不妨用空调机将卧室温度调节到17℃以下，或尽量不用电热毯、热水袋、碳炉等来升温，也可起到同样效果。

低温锻炼

借助一些特殊的锻炼方法也可在达到降低体温的目的，比如冷水浴、冬泳等。以冷水浴为例，这是一个使人体在较短时间内经历从热到冷、再从冷到热的过程。由于冷水浴使血管迅速收缩、扩张，其伸缩运动像做体操似的，所以享有“血管体操”的誉称。另外，“秋冻”也可以对夏季高温进行矫正与补救。不过，这些方法并非人人适宜，最好事先请教医生。

U惑力

智愿者：心　象　下自成奚　woaiqiuqiu

独特的思维（Unique）、包容的智慧（Unite）和轻盈的精神状态（Upward），可以锻造出悠享生活的创意力、优质独特的魅惑力、优雅智慧的气质力……这些统称为U惑力。当你拥有了U惑力，你的世界将会充满了灵感、悦感，生活的色彩变得明快、亮丽。

群体特征

1. 首先要具有创意独到的思维方式，要够独一无二（Unique）。那些原创精神十足的设计师、艺术家值得我们学习。比如特立独行的蔡国强先生，幻想用强劲爆破力的火药，在东西德的柏林墙原址上，重新竖起一道新的烟火墙，然后点燃烟花，让它们瞬间灰飞烟灭。

2. 有兼容并包的智慧态度，要够包容（Unite）。那些学贯中西的文化大师堪称U惑力的典范。如被誉为“狐狸教授”的李欧梵先生，涉猎中西文学的广泛视域，既懂得欣赏鲁迅、张爱玲，也为以赛亚·伯林倾心，还可游逸于周星驰的无厘头况味中。

3. 需要有足够自信的精神立场，要够轻盈，够向上（Upward）。在这一点上，那个被《TIME》杂志评为2010年度人物的扎克伯格，轻松、率性、自由，没有任何的羁绊和畏惧……他具有所有年轻人应当具备的轻盈气场。当生活越来越繁忙，越来越沉重，让自己的心态和精神都变得轻盈一点，更能激发出非凡的创造力。

锻造方法

1. 广交朋友，多倾诉、多倾听，用别人的光芒照亮自己的阴暗面。

2. 发掘自己的优点，并把优点最大化，坚持绝不盲从，绝不妥协。

3. 不必过分追求冒险的经历，但你必须学会扬帆远航、享受人生。

4. 学会看见事物的两面性，胜不骄败不馁，以平常心去面对生活。

5. 读书、上网、交谈、求学，不放过一切能够获得新知的机会。

6. 多看看别人的成功案例，积累经验，获取灵感。

7. 分享是快乐的源泉，当别人感受到你的快乐时，也会反过来给你鼓舞。

8. 提高品位。拒绝跟风，找到适合你的东西，了解它背后的文化。

9. 学会表达自己。当你心动时，试着说出口来。

10. 让自己变得宽容，一颗石子，投进池塘便能兴风作浪，投进汪洋则可波澜不惊。

猫式养生

智愿者：martic520　下自成奚　柳　溪

猫式养生，指模仿猫类的生活方式进行的养生保健。这种仿猫动作的运动，可助睡眠，并防腰背酸痛。

科学依据

俗话说得好："猫有九条命"，意即它的生存能力较强。其实猫平时的一些生活习性、行为形态以及动作特点和人们平日的生活有着千丝万缕的联系。人们通过对猫的一些动作的仔细观察，发明了各种仿猫健身法。例如，五禽戏是一种中国传统健身方法，由五种模仿动物的动作组成。其中"猫式"运动就是其中一种，长期坚持，可助睡眠。另外，仿猫健身法还可保护脊椎，防止腰背酸痛。

动作要领

1. 清晨"猫式"懒腰

每天清晨睡醒后，趴在床上，撑开双手，伸直合拢双腿，撅起臀部，像猫拱起脊梁那样用力拱腰，再放下高翘的臀部，反复做十几次；或使双膝双手跪趴在床上，双肩上耸，拱背缩腹，使脊柱上拱，再后双肩放松，腰背下沉使脊柱凹下，做猫伸懒腰状。动作越大越好，尽可能拉到极限，这样可促进全身气血流畅，防治腰酸背痛等疾病。

2. 午间"猫式"瑜伽

身体保持跪姿，双臂向前伸展，双手撑地，慢慢吐气并拱背，腹部向内缩起，下巴尽量向内贴近胸部，将意识停留在自己容易酸痛的部位，屏住呼吸，保持以上动作10～15秒，然后仰头吸气，再屏住呼吸10～15秒后放松。

3. 傍晚迈开猫步

像猫一样无声无息地踮脚走路，对人的身体有许多好处。在晚饭后散步时，可以试试这种走路的方式。踮脚静走时，会感觉到足心和小腿后侧的屈肌群十分紧张，这比一般正常行走时对屈肌的锻炼强度要高很多。

4. 夜晚猫腰入睡

猫有很多种睡眠方式，但多数猫的睡觉方式为身体向右侧卧，后肢微屈，前右肢自然屈于身体右侧接近头部，左肢自然向下并微微伸直。以这种姿势入睡不损心气，像猫一样蜷卧后大脑很快就能静下来，而且很快进入梦乡。

自残式养生

智愿者：宁静的心

养生通常是以各种保养的方式呵护生命，但有时一些极端、另类的动作和言行也能起到调节身心的作用。这种不同寻常的养生方式称为自残式养生。

养生原理

在生活中我们被太多的条条框框所约束，而忽略了身体自身的一些伟大的调节潜力。其实很多看起来有些另类的动作或是言行反而是调节我们身心或身形的良药。如果厌倦了一成不变的生活和健身方式，那就试试自残式养生方法。偶尔释放一下自己，能使人精神焕发，疲劳消除、改善血液循环和全身的血液分配等功能，从而达到养生的目的。

自残方式

1. 饿透

历代医家有“想长寿，肠须清”之说，适度的饥饿使植物神经、内分泌和免疫系统受到冲击，然后通过机体生理内环境稳定功能的重新调整，提高人体承受生理负担的能力，使各种身心疾病得到改善。

2. 赤足

人体的大部分经络都要通过足底，赤足走路可起到类似按摩、推拿的健身作用，达到疏通经络血脉、使气血畅通的目的。

3. 倒立

从事站立、伏案工作和经常走路的人易患内脏下垂、痔疮、下肢静脉曲张、脑供血不足等症，且常有脚肿、腰背酸痛、头晕眼花等现象发生。倒立能使血液迅速流向头部，改善血液循环和全身的血液分配，增强内脏机能，同时也可使肌肉群的紧张与松弛的状况发生改变。

4. 倒走

倒走可以使腰背肌、踝膝关节周围肌肉韧带和股四肌均得到锻炼，从而调整脊柱、肢体的运动功能，促进血液平均分配，达到舒筋、活络、健骨的目的。

5. 畅哭

哭是人感情的表露方式之一。该哭时，因控制压抑而不哭则于身体不利。医学专家认为，但最好每100天左右应当想法让自己流一次泪，而女人则密度加一倍。

6. 爬行

爬行锻炼能调整血液循环和血液分配，减轻心脏和脊柱的垂直负荷，对于防治心脑血管疾病、内脏下垂、脊椎慢性疾病有帮助。孕妇进行适度的爬行锻炼可增强腹肌力量，预防难产，产后爬行有利于子宫复位。

7. 极限疲劳

在过去人们普遍认为以100为极限为例，人一旦疲倦到了80，便会停止这种疲倦。但研究发现90%至95%，人体内就会通过汗水或气息、呻吟把身体内的有害成分排泄出来，也会得到彻底的休息。当然，极限疲劳的度很重要，超过限度则会走向反面。

8. 冷水浴

医学研究证明，冷水浴能显著增加白细胞的动量，提高人体的免疫功能，有效促进血液的稀释，改善血液循环和血液的质量，防止血栓形成。同时冷水浴可刺激睾丸，产生和提高激素水平，防治阳痿、早泄。

晚娘脸

智愿者：阳光大道 桃桃妈 宁静的心

晚娘脸，狭义只是指女人的脸比实际年龄要大，长相老气。广义上，所有哀怨、暴怒、憔悴、卑琐、看什么都不顺眼的脸孔，都被叫做晚娘脸。

形成原因

日常生活中的各类光线，10%被肌肤所反射，其余的90%则透过肌肤表层，通过折射使肌肤明亮有光泽。随着肌肤基底层的老化，外因对肌肤造成一些伤害，肌肤回复的速度会变得比以前任何时候都慢。随着岁月流逝，肌肤角质层的代谢减缓，变粗糙，就会显得黯淡无光。不管是易留痕还是易出斑的肌肤，想要让它变得更好，需要更多智慧的做法。

预防措施

调整饮食结构也可以有效延缓皮肤衰老。

1. 多食富含软骨素的食物：软骨素就是构成弹性纤维的重要物质。因此，多食富含软骨素的猪骨汤、牛骨汤、鸡骨汤、鸡皮、鱼翅、鲑鱼等，有助延缓皱纹的产生，使皮肤富有弹性而细腻。

2. 多食富含维生素C的食物：这类营养素属于抗氧化剂，可以有效地阻止皮下脂肪氧化，增强皮肤老化、干燥。富含维生素C的食物主要有各种植物油、鲜蔬菜和水果类。

3. 多食富含优质蛋白质的食物：蛋白质中的胶原蛋白能使细胞变得丰满，从而使肌肤充盈，皱纹减少，使人的皮肤光滑而富含弹性。富含优质蛋白质的食物主要有乳类、蛋类、猪皮、猪蹄、鸡爪等，适当多食有助维护皮肤的正常功能，防止干裂、粗糙。

4. 适当补充水分：人体得不到充足的水分，皮肤会因缺水而变得干燥，皮脂腺分泌减少而使皮肤粗糙，进而加速皮肤老化，促使皱纹形成。因此，多饮水，可以保持皮肤弹性。

网友经历

@漫上：六年级毕业后的暑假在家里，一多年未见的远房亲戚来我家串门，懂事的我给客人端茶送水果。结果，她一看到我就对我妈说："哇，你女儿这么大啦，工作没啊？"我和我妈当即尴尬地说："才刚小学毕业。"我一颗萝莉的心，就这么碎了。

@填不满的心：某天我去某寺烧香拜佛，被某30多岁的大叔搭讪："大姐，算个命不？"我的天呐！姐那年才大二！大二啊！如今也二十好几了，但是，我弟弟每次都说我看上去三十多了，呜，亲弟弟啊。

裸 烹

智愿者：下自成奚 热爱太阳 李 雨

裸烹，指厨师在烹饪过程中不使用非天然、不安全的添加剂，而改用天然食材、调味品制作色、香、味俱全且营养健康的菜肴。做到这一点绝非易事，这要求厨师技术高超，并且悉心钻研传统的烹饪工艺。

热词背景

食品安全状况频发，使得食品安全问题成为老百姓最关心的事，菜肴中的添加剂是最令人担忧的。国家食品药品监督管理局在2011年4月份已经紧急对餐饮单位作出相关规定，并要求在消费者询问食品添加剂使用情况时，餐饮服务单位必须如实告知。大部分餐厅也都在墙上张贴了《餐饮服务单位安全承诺书》。

为了践行更健康的饮食方式，“裸烹”的概念应运而生。“裸烹”缘起于自绍兴的寻宝记餐厅，2011年6月初该餐厅于绍兴联合十几家餐厅的厨师长，共同签署了“裸烹”协议书，并将一封致歉书张贴在各家餐厅门口，以告知食客：假如因裸烹而影响菜肴的口味，敬请顾客谅解。

措施

1. 前提是优选好食材，突出菜品的质量，追求健康，而不是突出菜的口味。裸烹以前，为迎合消费者的口味需求，通常要大量使用增味剂、香料、营养强化剂、色素、味精和其他添加剂等，鸡汤用鸡粉，鱼汤用鱼粉，加水勾兑一下就行了，“不清不楚一滴香，清水变高汤”，“不用熬，白水也能添成辣椒油”，这些都是食品添加剂的“功劳”。味道突出了，营养健康失去了。

2. 裸烹倡导中和，表现在中国菜上就是五味调和、口味适中、酸碱平衡，它们最符合人类健康的需求。”

3. 钻研传统技艺，避免使用添加剂。如用天然菠菜汁来代替绿色素；用八角等香料来替代香精；用自己熬制的高汤来代替鲜味添加剂等等。

蹭生活

智愿者：下自成奚　woaiqiuqiu

蹭生活，指一些人在日常生活中不断发现他人的有效资源，并充分加以利用，从而改善自己的生活局面的一种方式。蹭生活并不完全是以占便宜为中心，而是以他人之长补己之短，试图把生活过得有声有色。与古代的“凿壁偷光”、“囊萤映雪”有异曲同工之妙。

热词背景

2011年，国际人力资源研究及分析机构“ECA国际”发布的世界主要城市“生活费”调查报告显示，北京、上海、广州、深圳等国内大城市生活成本已超越或逼近香港。不断攀升的生活成本让身无长物的年轻人花样频出，使出浑身解数，以求降低生活支出。新“蹭一族”就这样走进人们的视野，过起了属于他们的“蹭生活”。他们利用他人资源，自己不花费经济代价，就能享受到某种待遇。

生活体现

蹭课：某些培训班的学费过高，而学校却是个“免费的课堂”。去高校“蹭课”，也算是“勤奋”的一种表现。

蹭书：就当书店是书房，光看不买。当然，这个过程不能影响到书店的正常营业，也不能把新书弄出任何破损的痕迹。

蹭热：节省自家的采暖费，享受别人家的“余温”。

蹭凉：商场里的中央空调，总好过自家的电风扇。

蹭饭：蹭朋友、蹭爸妈、蹭同事，节约开支还能沟通感情。

蹭房：回家和爸妈一起住，是买不起房的年轻人的权宜之举，也是有房但懒得独立生活的年轻人的首选。且这样的行为大多父母都不会反对，毕竟老人们都喜欢和自己的满堂儿孙一起享受天伦之乐。

蹭早教：早教班收费昂贵，对普通上班族的来说压力很大。而社会上很多早教班都有免费体验的项目，于是有人便挑选若干家有免费体验的早教班，并且安排了时间顺序，然后带着孩子每周去蹭早教班。

蹭网：用自己电脑的无线网卡连接他人的无线路由器上网。

点评

“蹭生活”无处不在，但原则要把握好一条，那就是去利用有效资源，而不是去招人厌或带给人不便。所以“蹭生活”也是一门学问，要学会该蹭的尽量蹭，不该蹭的切莫胡乱去蹭。

裸　漂

智愿者：赵公　buildwonder　池中玉

裸漂是指没房、没车、没爱情的漂一族。他们是职场追梦人。在他们眼里，工作是没有高低贵贱之分的，为了实现心中的梦想，什么样的工作都可以做。

热词背景

北漂，这个中国特有的名词，让人羡慕嫉妒恨。有的人因为北漂而发达，而有的人因为北漂而落魄。其中，没房、没车、没情人——一无所有的漂一族，就被称为“裸漂”。

新生代白领漂泊的内容千差万别，但漂泊的理由却很有共性，用三毛所写的来形容倒挺妥当：“为了梦中的橄榄树”。这棵“橄榄树”可能是财富，也可能是爱情，或者还可能是一些说不清也道不明的感觉、体验，就如一位业余诗人所言：“漂泊就是漂泊的理由”。

幻想是“裸漂”族的最大爱好，他们都是职场追梦人。在他们眼里，工作是没有高低贵贱之分的，为了理想，什么样的工作都可以做。

族群特点

1．没有固定的住所，房主叫搬家就搬家；或面对日益昂贵的房租，搬离到较远的地方；

2. 昂贵的生活费，涨速缓慢的薪酬，成为他们最纠结的事情；

3. 悲催的漂流生活，没有固定的住所，没有代步的小车，也让爱情越来越远；

4. 裸漂让漂一族又爱又恨，他们离开大都市，但又不适应中小城市的生活，只能逃回北上广，继续他们的悲催生活。

网友观点

@作业本：留在这城市的理由……编辑们给出的选择弱爆了，什么北京炸酱面、上海现代感、武汉鸭脖子、西安肉夹馍……这些根本就不是主要理由，留在这城市的理由：1. 离开不知道去哪儿。2. 熟悉感带来的归属感，归属感给予的安全感。3. 有一群整天在一起吹牛做梦的哥们。4. 你爱的人在，爱你的也在。

中药零食

智愿者：疯狂海盗　不死鸟归来　尼摩船长

中药零食，通常指含有中药成分的零食。其中的中药成分是经卫生部门规定的药食同源范围内的可添加物品。最常见的此类食品主要有龟苓膏、阿胶枣、黑芝麻糊、茯苓饼、薄荷糖、酸梅汁、凉茶等。

热词背景

很多人热衷于购买一些含有中药的零食，作为日常的保健食品，无事可做时吃以打发时间，工作繁忙时用来纾解压力，身体不适时用来祛病保健。

中药作为“药”，既有特定的药理功效又有一定的毒副作用。80后、90后的年轻人，大多数对传统中药了解得比较少，但追求新鲜、时尚的他们又喜欢乱吃中药零食。中医用药讲究辩证、因人而异，因此含中药的零食并非人人适合。

代表食物

1. 龟苓膏。

中药成分：龟板、土茯苓、生地黄、蒲公英、金银花、菊花等。

食疗作用：清热解毒、滋阴补肾、消除暗疮、润肠通便。

注意事项：龟苓膏对于经常口干心烦、面部痤疮、习惯性便秘的阴虚之人，龟苓膏是非常适合的办公、居家零食，因为它滋阴润燥，可缓解阴虚症状。

2. 凉茶

中药成分：菊花、金银花、夏枯草、甘草等。

食疗作用：清热除湿、滋阴去火。

注意事项：凉茶适合温热体质的人，凉茶不宜喝太多，更不能拿来当水喝，过量喝凉茶会损耗人体的阳气。

3. 阿胶蜜枣

中药成分：大枣、阿胶

食疗作用：补脾和胃、益气安神、养血补血，滋阴润燥

注意事项：阿胶枣只是适合气虚或血虚体质的人食用，有助于改善面色黄白、心慌怕冷、神疲倦怠、四肢乏力等症状。常言道，一日三颗枣，青春永不老。但是阿胶枣不太好消化，每天不要多于10颗，另外，蜜枣滋腻不好消化，多吃还容易上火。

一口效应

智愿者：cassidy小小　toboe　帝王天下

一口效应，指每天正常吃饭量的基础上多吃一口或者少吃一口，都会对体重产生一定的影响。多吃一口则会增胖，少吃一口则会减肥。防微杜渐，对于想要控制体重的人来说，一口效应不可忽视。

热词简介

控制脂肪，要提防“一口效应”。很多职场女性总的饭量并不大，但她们摄入的零食不少。零七碎八的小零食加在一起的能量和油脂不次于一顿正餐。

一小口是多少呢？8粒开心果就是一口；10粒花生米就是一口；如果吃北方饺子，半个饺子就是一口；如果吃苏打饼干，一片就是一口。

热量换算

如果一位成年人每天多吃一口，每天就多摄入38.5千卡热量，如果在1年的时间里每天都多吃一口，1年下来，体重约增加1.5公斤，如果每天多吃一口的做法坚持10年，10年下来体重约增加15公斤，15公斤可以使一个体重正常的人变成一个标准的胖子。

比如说，有一个白领女性身高1.63米，比较标准。25岁的时候，她的体重是53公斤，属于正常体重。35岁的时候，她这十年累积3650口产生效果了，增加了15公斤，从53公斤增加到68公斤。这位女士35岁的时候就从正常变成超重。

生活建议

1. 关注体脂：可以通过体脂测定仪了解自己的体脂情况，即了解自己身体中有多少脂肪，每半年测1次即可。

2. 关注腰围：每2～3个月量一次腰围，具体方法是用软的皮尺围着肚脐绕一圈，保持正常呼吸，呼出气体量最大（即肚子最放松）时测量，男性腰围不能大于85厘米，女性腰围不能大于80厘米。超过上述数值，表明腹部脂肪超标，增加慢性疾病的发生风险。现代医学表明，腰围越大，慢性疾病及其并发症的发生风险越高，寿命越短。

负营养

智愿者：秀江河　地平线102　青科员

负营养，指由于饮食不均衡而引起的蛋白质、脂肪在人体内的营养过剩，或由于工业污染而引入的有毒有害物质，滞留在体内通过代谢生成的脂肪、胆固醇、乳糜脂蛋白、重金属等对人体健康有害的多种毒废物质。“负营养”观点的提出，意在告诫人们重视人体代谢废物对健康的危害，以维护人体健康。

热词背景

“正营养”是指人体摄入的营养及进补等；而“负营养”是指人体废物的排出。

人体衰老学说中较公认的是中毒学说。该学说认为：人的肠腔中存在大量的细菌，人每天摄食的肉类食物代谢后的食糜经细菌发酵分解，产生一系列的有毒物质，产生酸性有毒物质被人体肠道重新吸收，进入循环，危害脏器。

现代人生活节奏快且紊乱，排便无规律，这些有毒物质便有机会被肠道重新吸收，再次进入人体循环，危害脏器。随着人们生活水平的提高，平时天天有肉食，这些食物代谢后产生的酸性有毒物质也多。

主要危害

负营养积存，健康将严重受损。毒废物质在体内长期积累，极易导致超重或肥胖、高血脂症、引发血栓、糖尿病、甚至肿瘤等疾病。

研究发现当血液胆固醇水平从170毫克/分升下降到90毫克/分升的时候，人体肿瘤的发病率将明显下降。世界卫生组织的调查显示，有60~80%的肿瘤发生是由毒素引起的。

专家建议

1. 控制肉类、油脂、盐的摄入量。肉类不单是高热量食物，还是高油脂类食物，绝大多数人不清楚。过多的盐的摄入是引致高血压病的最主要的危险因素之一。

2. 维持高纤维素摄入。世界卫生组织和世界粮农组织提出的保持健康膳食因素的第一条就是食物多样化。对因客观条件限制不能做到食物多样化的人群，可选择维生素及矿物质复合营养增补剂的方法来解决营养素缺乏的问题。

3. 增加果胶的摄入，排除负营养。果胶作为一种天然存在于苹果中的多聚糖，是一种水溶性膳食纤维——人体必需的第七营养素之一。进行膳食成分的科学调整，特别增加果胶的摄入，对于排除负营养，延缓机体衰老，预防各种慢性疾病具有非常重要的意义。

轻生活

智愿者：白菜晰　夏易23　柳溪

现代人的生活无论是心理上或是外在，皆充斥着过多的负担与累赘，轻生活讲究的是一种丢掉的观念，也就是把一切简化到最简单的境界。轻生活分为轻心，轻体，轻食，轻居等四个方面，其生活主张是：生活节奏慢下来，生活心态静下来，生活压力放下来。“轻”可以是减肥、减压，更可以是“无官一身轻”的潇洒。

主要方式

1. 轻运动。所谓轻运动，就是强度较低的运动。最“轻”的运动就是以自身的体重作为阻力的运动，像是俯卧撑，像是深蹲、健步蹲或者瑜伽。

2. 轻饮食。食物是生命的动力。人们常说“粗茶淡饭延年益寿”，日常饮食应当以植物性食物为主，注意粮豆混食、米面混食，并辅以各种动物性食品，常喝粗茶。“淡饭”还有另一层含义，就是饮食不能太咸。医学研究表明，饮食过咸容易引发骨质疏松、高血压，长期饮食过咸还可导致中风和心脏病。

3. 轻心灵。收起你的抱怨，即便忍不住想抱怨，也适可而止，不可做广泛性的抱怨。

4. 轻居。满足与欢喜是真正的财富，富有不是用存折的数字来衡量，而是健康。有钱不满足，是穿着锦衣的穷人，坐拥许多物质内心却不欢喜，是精神赤贫者。

健康影响

“轻生活”，倡导简单、返朴归真、淡然、节约、从容、快乐。它不是倡导无为和逃避，而是认真思索压力来源并减掉负担，扔掉一直不敢面对的负累，让身心从内到外都轻盈健康。

古人有言“上医治未病，下医治已病”，在人们身体还没有彻底失去功能之前，必须做的事情就是保养——放松心情、释放压力、清理垃圾。身体一直在用它的方式支持和保护自己。疾病是身体通过它的方式在提醒人们，应该注意健康了。把压力拿走，身体就会治愈自己。

人生匆忙症

智愿者：微微可口

在快节奏的都市生活中，“人生匆忙症”正困扰着越来越多的白领一族：成天忙忙碌碌却感觉越忙越烦乱，越忙越迷茫，生活渐渐陷入“怪圈”……“人生匆忙症”并不是严格意义上的医学专业名词，它更像是一个社会现象或者是生存状况的归纳总结，或者是某种心理情绪问题的外在表现。

群体特点

被“诊断”为“人生匆忙症”的“患者”群体多为上班族及都市白领，他们工作压力大，生活压力也不小，加上城市交通堵塞、空气污染等生存环境恶化，导致精神紧张、情绪焦虑。

总是想要赶紧把每件事情做完、做好，尽力压缩时间以期望达成目标，但每天总有做不完的事；遇上交通堵塞时他们会变得勃然大怒；遇上写字楼电梯爆满挤不上去，心情顿时变得很糟糕；在等待结账时会感到不耐烦……这便是“人生匆忙症”患者的症状。

生活建议

白领或者上班族们应确立自己的远近期的人生或者工作目标，同时把目标分解成每一周或者每一天的计划，这样才能最终摆脱“人生匆忙症”。其次，“人生匆忙症”的根源在于生活节奏过快带来的压力，要想摆脱“匆忙症”，可从以下几方面做起：

1. 生理调整：一些身体上的疾病容易影响神经系统，使人产生紧张、烦躁等负面情绪。有健康，才有快乐，所以确保身体健康很重要。

2. 心理调整：压力有时来自外力，有时来自内心对人对己的期望。适当降低自己对生活的期望值，不要苛求完美，有助于帮你获得满足感，消除焦虑，缓解内心的紧迫感。

3. 调整生活节奏：试着走路慢点、说话轻点，或者在不需要守时时丢掉手表忘掉时间，下班后试着忘掉工作参与一些娱乐活动，学会享受悠闲为自己的大脑放假。

4. 经营良好的人际关系：人际关系和谐的人，当情绪发生“异动”时，总能找到倾诉对象及时排解。所以，多花点时间在家人和朋友身上吧。

5. 借助外力：听听轻音乐有助于放松神经，练习瑜伽有助于让内心宁静，学习充电有助于增加你的自信。

不持有的生活

智愿者：N颗钻石　田　恬

不持有的生活，也叫做不持有生活，是由日本作家金子由纪子提出的概念，主张以不持有的生活之道来享受一种简朴、美好、有品质的生活。不持有的生活不仅提倡绿色环保，节俭，乐活，更倡导精神压力的释放与解脱，使心灵成长和达到各方面的平衡。

主要观点

金子由纪子在《不持有的生活》一书中提到，超过自己管理能力的物品，不持有；不钟爱的物品，不持有；无法回收利用或转送给他人的物品，不持有；不适合自己、与自己的生活方式不相符的物品，不持有。带购物袋出门，拒绝塑胶袋；减少购买需拆封或只需要微波烹调的食物；比起买“因为便宜大量购买”，选择“虽然贵但很喜欢”的物品，并慎重地使用。

生活主张

1. 不拿。免费得到的东西，很少被人珍惜，因此往往囤积不用。“不持有”的第一步就是“不拿”，不拿免费塑料袋，以自备购物袋来代替；免费发送又用不到的赠品，也要坚持完全不拿的态度。

2. 不买。冲动购物感觉痛快，但买完东西感到后悔的状况也不少，因此只要是“没买也无所谓”的东西，就坚持不买，让物品登堂入室的门槛变高，这样家中就只会出现真正喜欢、真正必要的东西。

3. 不储存。不囤积保鲜膜和卫生纸这类消耗品，也许大减价时买了一堆，像占了便宜，却容易造成使用上的浪费。

4. 丢弃。养成丢弃的习惯，杂志或小册子超过一定数量，就丢掉；没在使用的漂亮糕饼盒子、过期的食物和调味料，也丢掉。并且确实执行丢弃前的准备工作，例如用美观的袋子，作为垃圾分类的容器，让丢弃这件事，变得轻松愉快。

5. 替代。添购一样物品前，先想想家里是否有其他东西可替代？例如一年可能只用到一次的漏斗，就用现有的塑料板卷成漏斗状来代替，如此就能避免多持有一个东西；活用现有物品，不是为了弥补贫困，而是为了创造丰足。

6. 借用。不常用的东西，可以借用或租用，和其他人一起使用更多物品，每个家庭或许就会减少囤积少用物品的情况，避免压迫居住空间，减少无谓的浪费。

7. 没有也无所谓。购物前，务必自问：这个真的是必要的吗？也许能得到“没有也无所谓”的答案；生活中这种东西，应该很多。

扩展阅读：减法生活

减法生活，一种注重生活质量的态度和生活方式，对现在喘不过气的人们来说，意义长远。做减法并不意味着偷懒（显然偷懒不是一个好的开始），而是把你更多的注意力集中在质量而不是数量上。别像玩具轮子上的仓鼠一样只知道不停地走啊走，与其那样，倒不如做些更富有实际意义的事情。

假性减肥

智愿者：下自成奚　柳　溪

人们常常采取一些非有效的减肥方式（如通过腹泻进行脱水减油），其实这只是对体内的水分或肌肉进行了减除。体重让人们感觉轻了，但体脂肪并没有发生变化，一旦稍微控制不当，极易导致体重反弹。专家把这种情况称为“假性减肥”。

减肥误区

1. 认为脱水等于减肥

身体内70%都是水份，如果通过脱水方式减肥，使身体损失掉大量水份，体重自然会有所下降。但是身体失掉的是水份而非脂肪，所以一旦补充水份，体重就会马上反弹，根本不能真正减肥。

2. 认为减重等于减肥

减肥并不仅仅是减体重，体重只是反应身体肥胖程度的一个指标，并不是唯一标准。因为脂肪的比重只有肌肉的1/3，而不同的人脂肪和肌肉的比例可能大不相同。比如举重运动员的体重很大，但脂肪比例却很低，这个时候用体重衡量是否肥胖并不科学。

3. 认为排油等于减肥

排油是近年来被炒作起来的一个新概念，其实就是腹泻减肥的变种。有些人看到上厕所时拉出来一些油花就以为自己减肥了，其实，这种拉出来的油只是消化道中未被消化的少部分油脂，并不是已经存在于身体细胞内的脂肪。因此，所谓的排油根本无法达到减肥的目的，反而有可能因为拉肚子而无法吸收食物中的大部分营养，造成维生素等身体必要物质的缺乏，对身体危害极大。

影响

身体脂肪率是反映肥胖的重要指标。在“假性减肥”中，体脂肪并没有发生什么变化，只是体重让人们感觉轻了，而这正是迷惑人们的“祸首”，因此，在减肥过程中，最忌讳的就是“假性减肥”。要真正摆脱肥胖，最重要的还是要减少体脂肪。只有实行有效科学的减肥方式，进行有效的脂肪监测，才能实现真正意义上的减肥。

扩展阅读：什么是脂肪率

脂肪率是指身体成分中，脂肪组织所占的比率。测量脂肪率比单纯的只测量体重更能反映身体的脂肪水平（肥胖程度）。脂肪率可以通过专门的健康秤或者其他方法测量。从目前的测量技术来看，主要是使用生物电阻法。其原理液是肌肉内含有较多血液等水分，可以导电，而脂肪是不导电的。因此可以通过微小电流通过身体来计算电阻，并由此测量出脂肪率。

水 胖

智愿者：柴旭阳　张焕容

水胖是指早晨起床后，整个人体处于“膨胀”状态。一般而言，“水胖”是种正常的生理现象，并且无男女差别，可以说人人早起后都会有此现象。但国内引进这个词后，却将它用来指称一种病理现象，即体内代谢紊乱，水分不能正常排出体外，造成人体浮肿、体重增加，形成肥胖假象。

生理现象

人体在正常状态下，无论喝多少水也不会发胖，只会暂时出现人人皆有的“水胖”现象，这是一种正常的生理现象。

为了排出新陈代谢后的废物，一个小时会形成约60毫升的尿液，而膀胱的容量约为200毫升；因此，睡眠时人也会有尿意。为了防止睡眠被干扰，人体会自我调整，控制肾脏排泄废物的机能，令原本该形成尿液排出体外的水分暂存下来。于是早起后，人体就会显得“膨胀”了，形成所谓“水胖” 状态。

如此说来，只要起床后排尿就能消除“水胖”吗？不然！因为一次排尿并不能将体内多余的水分排尽，需待多排几次后方能消除“水胖”。

减肥热词

水胖一词在一般人眼里可能显得有点陌生，但在热衷减肥的人群里却是耳熟能详，比如说某某是“水胖”型身材，某某是“水胖”型脸等等。

在减肥人群中所说的“水胖”却是指人体浮肿或水肿这一病理现象，罪魁祸首是过多摄入的盐分或糖分。据报道，有极端情况是：喝一升水会增加一公斤体重。造成这种病理现象的主要原因是盐分或糖分摄入过多，令血液里渗透压升高，导致细胞内的水分流入体液，从而形成浮肿或者说水肿。

孕傻

智愿者：米兰精灵　nuxes　池中玉

民间有“一孕傻三年”的说法，意思是当女性怀孕后，准妈妈的记忆力会有衰退的迹象，常常会丢三落四。如今有研究发现，当女性怀孕后的确有可能出现记忆力衰退和认知能力下降等问题，这被称为“孕傻”现象。

研究发现

关于“孕傻” 最早的英文文献可追溯到1968年发表的文章——《孕妇早期情感和认知障碍》。自那以后，关于孕产妇甚至做母亲的女性发生认知障碍，记忆力下降的文献报道就层出不穷，包括一些交叉研究和纵向对比研究。

美国科学家格林找了254名孕产妇和48名未曾生育的女性，分阶段测试了她们的记忆力。格林发现，孕产妇和对照组女性在记数列和记人脸的测试中不分高下，但是孕产妇在听声音记词和对照组的测试中略处下风。很多妈妈抱怨自己的脑子自打怀孕以后就不好使了，最常见的症状包括记忆力下降，其次还有阅读困难和注意力减退。科学家还发现，越是职业女性，越是学历高，这种抱怨就越多。

诱发因素

1. 现代女性会自己的要求是越来越严格，想要获取的更多，得到更多的肯定，因此需要面对的压力也就越大。

2. 家人或朋友的忽视，很多准妈妈无法得到足够的支持，因为大家通常都不太能理解准妈妈那种什么也想不起来的恐慌感，让准妈妈感到孤独。

3. 现在虽然物质条件虽然越来越好，但是人们的饮食习惯却是越来越不合理，这也会加重孕妈在孕期“婴儿脑”问题上所面临的困难。

4. 产前产后女性体内雌激素、孕激素等变化很大，这种变化可能导致女性情绪相对低落，严重的会有抑郁表现，对周围事物的反应减缓。

5. 产前产后女性睡眠质量下降及注意力分散导致对待其他事物相对迟钝。

预防措施

1. 尽量做一些小睡，足够的休息让大脑能够保持清醒。

2. 学习制作任务清单，并最好准备多份，以防丢失。

3. 将一些常用的物品，如钥匙、钱包等随身物件都放在同一个地方。

4. 保持充足的水分，这是由于血液在不断地流向不断增长的子宫，需要保持身体足够的水分，让血液能更多地流向你的大脑。

5. 多吃些富含铁的食物，让血液携带更多的氧气回到你的大脑。

6. 准妈妈要定期、适度的运动，这样可以帮助血液流动，但也请注意运动不能过头，需要保证身体和精神足够的能量来满足胎儿发育的需求。

F因素

智愿者：toboe　沈小仙　woaiqiuqiu

F因素，指我们在做购物决定时，朋友、粉丝及追随者对我们产生的影响。随着网购的兴起，不少人在购买商品之前通常都会先看一下其他顾客的评价。如果评价不多，还有可能会直接在社交网络上发个帖子询问友邻们的意见。

主要方式

以下是F因素影响消费行为的五种方式：

F发现：消费者如何通过其社交网络发现新产品和服务。

F评价：消费者如何从其社交网络（自动）接收越来越多的目标商品评价、推荐以及反馈。

F反馈：消费者如何向其朋友和追随者求教以提高并做出准确的购买决定。

F同行：就算消费者与其同伴并不真的在一起，也能让购物变得越来越社交化，这是如何实现的。

F我的消费：消费者的社交网络是如何最终变成产品和服务的。

影响消费的因素

冲动消费是指顾客在外界因素促发下所进行的事先没有计划或者意识的购买行为。冲动消费具有事前无意识、无计划，以及外界促发下形成的特点。产生冲动消费的因素有以下几点：

1. 情绪。人们在遭受压力、挫折时，心情会变得很烦躁、很生气，消极的情绪占了上风，往往会使很多人就以消费的方式来排解，逛街、购物就成了他们的首选行为。

2. 广告。广告、POP、促销员等等都是厂家为推销产品而设计的消费场景，场景的目的就是使置身其中的消费者产生冲动的消费欲望，最后达成即时消费的行为。

3. 价格。现在商场里充斥着各种打折、降价的宣传，这种宣传随着产品一起撞入我们的眼帘。很多人的消费就是冲着“打折”、“降价”而去，至于商品的质量、用途与自己的实际需求是否合拍似乎在当时没有多加考虑。

4. 从众。从众是个体在群体压力下自愿与群体中多数人保持一致的现象。我们很难指望一个面对同伴热心捧场、百般赞扬的女性仍然能够保持理智。

5. 面子。你有的我也要有，你用的我也要用，钱上可能输惨了，面子上却还要硬撑着。

轻食主义

智愿者：小彦　陈小蓓

“轻食主义”原指分量少而容易吃饱的食物。后来词义被慢慢扩大，演变成为低脂肪、低热量、少糖、少盐且富含高纤维和营养的食物。它以低热量的食材，取代大鱼大肉，使人们不再过分追求食物的“色、香、味”，简单地理解为满足口腹之欲的享乐。

词义来源

“轻食”一说，最早是从欧洲而来的。在法国，午餐便具有轻食的意味；此外，常被解释为餐饮店中快速、简单食物的“快餐”，也是轻食的代表字眼之一。

“轻食”就字义直接解释，指分量不多的食物，广义归纳的话，稀饭、包子、饺子、春卷、烧卖、水果、饼干等点心、零食都可以算是其中的一种，比如广东人的“下午茶”、欧洲人的“午餐”等等。简而言之，轻食就是清淡、均衡、自然、健康、无负担的饮食，其最主要的概念就是吃七八分饱，另外饮食内容要注重健康概念，少油、少盐、少调味料和多一些天然素材。

饮食攻略

轻食主义强调的是简单、适量、健康和均衡。在一定热量限制内，尽量选择饱腹感强的食物。

1. 首先让每日饮食所摄取的食物种类尽量符合基本的三低一

高原则（低糖分、低脂肪、低盐分、高纤维），以低热量的食材，取代大鱼大肉。

2. 再搭配其他菜式的烫、蒸、炖、煮等简单健康的烹饪方式，不再把进食简单地理解为满足口福之欲的享乐。

3. 饭前先喝汤或喝稀饭会提前产生饱腹感，有助于减少动物脂肪和含胆固醇、高糖、高淀粉食物的摄入，有助于防止暴饮暴食。

4. 放慢进食速度也有不错的效果。在进食过程中，即使胃部已被食物装满，饱胀感却要延迟20分钟才能到达我们的大脑，如果吃得太快，我们会因为没有饱胀感而摄入过量的食物。养成细嚼慢咽的习惯，是减少摄入多余食物的法宝。

old住史蒂夫·乔布斯高速铁路地沟油校车郭美美伤不起PM2.5播盐古领华尔街
匆忙症不持有的生活假性减肥水胖孕傻F因素轻食主义女巫型白领职场损友吸血鬼型领导
0分钟计划毒舌上司办公室桌面形象八卦节TVB体数码青瘾诗词混搭体萝莉节培根邮件高铁
离爱情恐慌建设性吵架格差婚财务出轨潮婚时代感情洁癖恋商假单亲熟年离婚时尚
等身材宅内疚不能说小姐温柔大男人反潮族维生素小姐没空小姐机男机女阿尔法男极客文
症治愈游戏美人冷感症奢侈心理学断网恐惧症周三症候群A型性格心理卸妆Hold
感力猫式养生自残式养生晚娘脸裸烹蹭生活裸漂中药零食一口效应负营养轻生活人生
型领导职场贱民辞职面试守墓式职位2030失业现象鸟式就业暑歇口袋技能性别落单默声
混搭体萝莉节培根邮件高铁体有种体如果不学体头像性格宋词密码网络情人节私奔
代感情洁癖恋商假单亲熟年离婚时尚奴隶穷时尚字母身材无龄系美女美丽进化宅休假化妆
姐没空小姐机男机女阿尔法男极客文化粉丝电影闺蜜中国式父母月亮男途书族吝享族
惧症周三症候群A型性格心理卸妆Hold住史蒂夫·乔布斯高速铁路地沟油校车郭美美伤
一口效应负营养轻生活人生匆忙症不持有的生活假性减肥水胖孕傻F因素轻食主义女巫型
声时代二群生活模板依赖症90分钟计划毒舌上司办公室桌面形象八卦节TVB体
感情放养诺丁山情结主动单身相亲谎话隐离爱情恐慌建设性吵架格差婚财务
右法则音乐强迫症腰龄女性爷时代假面时代中等身材宅内疚不能说小姐温柔大男人反潮族

三 IN职场

女巫型白领

智愿者：wanghui6438　下自成奚

女巫型白领，职场中集理智与情感于一身的精英白领。她们或许貌不惊人，但总能在事业和生活中找到平衡的态度，以及与同事和谐相处的方式和途径。

族群特征

1. 女巫型的人可能称不上是什么美人，但绝对有魅力、有味道。她们可能肤色偏暗，却绝不失健康的光鲜与色泽。

2. 在穿着上，女巫型白领喜欢比较异域的风格，但乍一看上去又十分得体。她们偏爱各种饰物，却没有一点珠光宝气的庸俗。

3. 女巫型白领自然、自信，而且质朴、纯真，没有恶意。她们懂得怎样说对的话、做对的事情，同时又使人丝毫不会感到其中有什么虚伪或是假装的成分。

4. 女巫型白领更是出色的美容顾问和情感专家。总能和大家打成一片，而就在与你不经意的闲聊中，其实早就在暗中埋下了感情这张长胜牌。时间一长，会发现自己对她们竟有了依赖，职场之外，你几乎全部的秘密都握在她们手中。可是女巫型白领往往情场失意。因为很多男人们眼里只看得到外表浮夸，身材火辣、胸大无脑的女人，却容易忽视真正有价值观、气质独特的“女巫”。

职场影响

“女巫型白领”所展现出的一切，是在日常中潜移默化形成的一种风范和气度，受“女巫型白领”感染的职场中人，能从中学到很多有益的东西，为自己所用。

职场损友

智愿者：兔吉祥　下自成奚　李宛儒

职场损友，指在工作场所结识的那些对你“有害的”朋友。职场损友可能会影响你的职业发展，所以对他们最好敬而远之。

大嘴巴型

这是控制不住自己的嘴巴，把秘密到处宣扬的损友。在职场上，一次不小心说漏嘴就可能使你从人人尊敬的对象变成笑料，这种大嘴巴尤其让人窘迫。

坏榜样型

坏榜样或许是你工作中结识的最有趣的朋友，其危害可能也最大。这位同事擅长组织欢乐聚会，总喜欢“再来一杯”，整日嘻嘻哈哈，吃饭时有他陪伴时间过得很快，问题是，这些坏习惯会影响他人的前途。

背叛者型

一旦有上级不满某种情况，向其询问，背叛者立马就会把你出卖。他们最大的特点就是不肯为自己的错误承担责任。一旦被这种损友出卖，形象与前途毁于一旦。

抱怨狂型

态度具有传染性，如果一位朋友整日不满这不满那，你可能也跟着悲观起来，突然之间你和朋友就开始整日大发牢骚，白白浪费时间和精力。一个总是令人扫兴的同事，对你的职业生涯可能最为有害——你的精神健康也不免受到影响。甚至可能出现更严重的后果：你发的那些牢骚传到管理层耳中，形象大打折扣。

批评家型

这种损友总是自命不凡、自以为是，喜欢对我们的行动指手画脚。

误事鬼型

有些同事总是需要紧急帮忙，或者在重大会议的当天才打电话来说自己要请病假，之前甚至都不发个邮件来提醒一下。与他们搭档容易让你的工作受到拖累。

自恋狂型

最激起公愤的损友是自恋狂，这些人满脑子里只有自己。这种极端自私自利的朋友很容易发现并控制。

竞争者型

职场中那种太过争强好胜的朋友，很容易给人带来心理压力。

口蜜腹剑型

有些朋友表面上恭维你，实际上却心怀恶意妨碍你的发展，在职场上这种人特别多。这种朋友表现得好像是你的支持者，但其恭维话往往暗藏玄机，藉此在老板或同僚面前破坏你的形象。

职场建议

针对不同类型的损友需要采取不同的防护手段，比如与大嘴巴型损友共事时，一定要保护好个人隐私和职场秘密；而对于那些“坏榜样”，你大可以享受他的陪伴，但别学上他那不把迟到早退当回事的态度，更不要染上不催就不开工的坏习惯；若遇到抱怨型损友，千万不要刻意配合他们一起埋怨。

吸血鬼型领导

智愿者：微微可口　千里不留行　兔吉祥

吸血鬼型领导最大的特点在于他们的人格魅力，这类人通常是精干、年轻的公司中高层。他们外貌得体，做派严谨颇具绅士风度。在他们手下当差对个人能力的提升非常快，同时也要谨记和他们保持一定的距离。

主要特征

吸血鬼型领导外表穿着总是那么正式得体，胡须刮得干干净净，头发明显上过啫喱，偶有喷洒香水的记录。脸上总是透着一股吸引人的“英气”，而专注地看会发现，那其实是缺少一些“生气”。

在签署某些文件时，他们会工工整整地写下自己的大名。在和大家聊天时，他们是那种平易近人却不乏高傲的人，而且说话时会不经意地用手捂嘴，或是刮一下鼻子。他们行踪隐秘，很少提及有关自己在工作以外的生活，不轻易外露情感，大多都只是付之一笑。

中招表现

吸血鬼型领导最为突出的是他们的人格魅力，稳重、理智，又颇具绅士风度，不苟言笑却彬彬有礼。然而，就是这种魅力加之交往中的距离感，使得人从有点儿心痒痒到被他们深深催眠，完全认同他们的价值观，甘愿言听计从。虽然他们很直白，从来都是有一说一，但无论是吩咐、请求或是询问，只要是从他们嘴里说出来的，都很难被拒绝。

收获

在他们手下当差，人们的气质会得到大幅的提升，为人处世也变得更为沉着、稳重，并且渐渐学会这种催眠式的人际交往技巧。

注意事项

和“吸血鬼型领导”的交往一定要始终保持距离，因为他们往往不会轻易表露情感，而一旦放下防御，在四下无人时坐下来听他们讲“故事”时，离“献血”的日子就不远了。

职场贱民

智愿者：何可人　柳林风声　文思雅

职场贱民，是对在国家法定节假日，仍然主动要求加班的人的一种戏谑说法。节假日是休息还是出游，成为上班族讨论的重点话题。部分白领在节假日“求加班”，理由是“人多不想出门，反正也没事，加班还可以拿3倍工资”。这些人自称“职场贱民”。

热词背景

2011年9月末，一项关于国庆出行的网络调查显示，北京上班族中，41%的人不想出行，理由是“人多玩不好，也不想凑热闹”。调查数据显示，绝大多数上班族选择以休息为主，兼顾探亲访友和逛街购物。另外，出于3倍加班费或者避开节日酒场的考虑，部分职场白领流行“求加班”，他们纷纷发微博说“放假不如去上班”，还自称“职场贱民”。

“贱”理由

Lucy：放假的确很无聊，放假了，还挂在QQ上的人就是一只被折断了翅膀的企鹅。

四喜丸子：上班没时间，放假看了30集的laughing（由香港演员饰演的一个角色是一系列警匪剧中的卧底），头昏脑胀的，不如去上班。

小小虾米：放假就是各种吃喝睡，影响减肥大计，不如去上班，还可以和同事互相监督。

开心龙：放假逛街就是人看人，还不如上班时利用午休逛街，人少随我逛。

贼贼：放假比上班还累？！赶婚礼、赶聚会、赶装修！真是花钱买罪受……还不如上班去也！

辞职面试

智愿者：cassidy小小　下自成奚　帝王天下

辞职面试，指企业对将要辞职的员工进行“面试”，除了了解真正辞职的原因之外，更深层次的是为了完善企业本身人事制度。公司主管甚至总经理会和他们单独交谈，并设计专门的辞职面试表格，让辞职者填写他们的辞职档案：为什么离开？如果时间能倒退，公司怎样才能留住他们？

简介

辞职面试已经在外资、台资企业中流行起来，面试的内容包括辞职原因、相应的培训和奖励是否到位以及对工作环境、员工关系、上下级关系是否满意等相关问题。不少企业管理者和员工表示此举有利于企业自身完善，但也有网友质疑企业平时不“用功”，人要走了才想起来“纳谏”。

三大好处

1. 有利于企业塑造以人为本的管理形象。为辞职增加一个面试环节，等于为去留设置了一个缓冲。在这一过程中，员工和企业可以进行有效沟通，如果员工的问题得到解决，或有悔意，还可以重吃“回头草”，体现了企业对员工的在意和宽容。

2. 有利于企业了解自己在管理和发展规划上的弊端和漏洞，以便今后更好地弥补和改善。完善各项管理制度、完善发展规划，使自己做得更好。

3. 不但对企业有意义，对员工自己也有多方面的意义。双方坐在一起交流的过程中，员工必然会从企业对自己的评价、建议中，看到自己的缺陷和不足、优点和长处，有助于在今后的工作岗位或事业上，少走弯路，取得更快的进步。

需要注意问题

1. 对HR（人力资源总监）的沟通能力和技巧要求很高，特别要选择恰当的时机。如果员工负气辞职，对立情绪严重，此时其提供的信息有可能会失真。对待这样的辞职者，HR最好过一段时间再做访问以便于获得真实的信息。

2. 大多数员工辞职，主要是对当前工作环境和待遇不满，只求早点离开，对“辞职面试”更多抱着应付的态度。从这个角度说，企业不如平时多对员工组织“面试”，通过交流，了解企业管理存在的问题。

守寡式职位

智愿者：banner3　灰姑娘的树洞　下自成奚

守寡式职位，指因职位本身设计存在的缺陷，使得任何任职的人都免不了失败的结局，用来代指无人能胜任的职位。

背景起源

19世纪末期，西班牙一位叫大卫的船长，在他的航运集团中，有一艘运量最大的船“莎丽号”，一直找不到一位合适的船长。大卫曾出重金从航运界挖来几位经验丰富、有口皆碑的船长，但奇怪的是，每一位船长在上任“莎丽号”最高执行官一职后都失败了，他们以前在其它船队中骄人的能力表现在这里遭到了严峻的挑战。

大卫苦苦思索了许久，终于想通了一个事实：不是船长们的能力不行，而是职位设计本身存在缺陷。这个职位就像一个巨大的黑洞，任何一个踏上此船长位置的人都逃脱不了失败结局的命运，后人就将此种无人可以胜任的职位称为“守寡式职位”。

主要表现

对企业而言，有些招聘是出于成长的需要，有些是业务扩张的需要，但有些，表面上是由于企业始终没有找到合适的人选，抱着宁缺勿滥的宗旨一次又一次虚席以待，实质上却是由于岗位设置本身有严重缺陷而导致频繁换人。这就是职场“守寡式岗位”的典型表现。

原因

1. 职位设计时涵盖太小，使优秀人才无以成长和发展。如果管理职位设计太小，当事人只须很短时间就能学会一切，不费力地完成职位目标，他们不免感到失望，继而怠倦。庸人会继续留在职位上逍遥过日，而优秀人才大多会选择离开。

2. 该职位称不上是一个职位，而只是一个“副手”的职位。

3. 管理人在位却无专业之事可做。

4. 用职衔作为对人的奖励。员工太轻易就可以得到此职衔的奖励，一旦薪酬产生边际效益递减的效应，他们会觉得公司已经失去吸引力。

识别方法

1. 倒面试。可以问“贵公司为什么会公开招聘某某岗位”。如果主考官回答这一问题时闪烁其词，或者从考官的嘴中知道有好几个前任，这就有可能表明该职位存在明显的“模糊地带”，应该慎重考虑。

2. 识别企业文化。有些企业在对应聘人员进行面试时，没有精心设计和规划面试的架构，过于随意，这样的企业，其文化也是不完美的。

2030失业现象

智愿者：柳林风声　interactor　池中玉

2030失业现象是指20～30岁的大学毕业生或在职人士，他们不满自己的工作环境或待遇而主动失业，回家啃老的现象。

背景起源

2011年1月24日，国际劳工组织公布数据显示，全球2010年失业人数为2.05亿，处于历史高位。相对于成年人失业率4.8%，青年失业率2010年为12.6%。青年失业率2010年在发达国家为18.2%，在北非为23.6%，中东为25.1%。2011年全球15～24岁的青年失业人数为7460万人，仅比2010年的7510万略有下降。然而，由于经济增长不确定性不断增加，在未来几年里，青年就业状况不容乐观。

现象分析

很多“2030”青年是心甘情愿地主动失业。他们对工作本身没有强烈的渴求，或者对现有工作存有反感倾向。当希望和现实存在较大偏差时，他们多数拒绝参加社会培训，认为那是专门为中年下岗者设置的。对自身定位不准，是阻碍他们找工作的重要原因。

主要人群

1. 高校毕业生，对就业过于挑剔，总认为找不到满意的工作；

2. 职场新人，以工作太累太紧张、不适应为由自动离岗离职；

3. 创业幻想型的青年人，他们虽有强烈的创业愿望，但没有目标，缺乏真才实学，总是不成功又不愿“寄人篱下”当个打工者；

4. 频频跳槽者，跳来跳去最后“漂”到无事可做；

5. 单位里下岗的年轻人，习惯用过去轻松的工作与如今的紧张繁忙相对比，越比越不如意，干脆不就业；

6. 低文化低、低技能者。只能在中低端劳动力市场上找苦脏累工作，因怕苦怕累索性躺在家中“啃”父母。

鸟式就业

智愿者：米兰精灵　哥是歪歪　李雨

鸟式就业，指根据时令和人们需求的变化，选择相应的就业岗位，不断跳跃到更适合自己的位置。像自由飞翔的鸟儿一样，哪儿有食物，便在那里择枝而栖。

热词背景

随着城市就业大军的不断扩大，也催生出新兴的就业方式，人们根据时节和人们需求的变化，选择相应的就业岗位，夏天推销防晒霜、买卖化妆品、卖电器。开房交会就去推销楼盘……像飞来飞去的鸟儿，哪里有“食”哪里去。如今越来越多的人不再是长时间从事一份工作，而是根据不同时期的热点，选择不同的工作，他们收益一般比较高。

人群特征

1. 不安于现状的群体。他们永远不满足于既有的生存状态，当他们觉得自己可以向更高层次进发时，永远不会为了眼前的利益而裹足不前。

2. 注重内心感受。他们更多地考虑自己想要什么，目前这份工作能够带来什么，自己能够给工作创造什么样的价值，而不是领导要自己做什么。

3. 努力追求更高。他们会对自己有较高的要求，会努力地去补充自己的核心能量，而不是浮于表面、夸夸其谈。

4. 没有归属感。不停地漂泊，但却找不到一个可以施展的舞台和有归属感的家园。

5. 随意性强。没有对市场和自身特点做最充分的分析和判断，虽然有上进心，却在上进的过程中因为找不准路而茫然。

数据分析

20世纪80年代初，美国人均一生职业流动达17次，而那时，中国人均一生职业流动仅为1. 7次。近两年，中国人员流动加快，职业流动上升到5次左右。

职场建议

从职业生涯发展的长远规划来看，鸟式就业者的职业生涯发展路线是“M”状的，每一段职业经历都是从一个低起点开始，换了一份工作，原先积累的职业经验和能力可能归零，又再次再回了原点。呈“M”状的职业生涯往往意味着较大的损耗，难以获得长远发展。如果是生活负担较轻的年轻人，通过这样的方式来了解职场和社会，短期内有一定的价值。

暑歇

智愿者：wanghui6438　下自成奚　woaiqiuqiu

暑歇，指主动辞掉工作，享受暑假假期，待到“金九银十”的时候，再次找工作就业。暑歇作为一个职场新词，悄悄地在85后中流行。

热词背景

对于60后、70后的职场人士来说，暑歇是他们不可想象的事情，由于从上至下的生活压力，让他们中的大多数拼命主动加班表现，以求保住饭碗。

而80后，尤其是85后，对待工作的态度就潇洒得多，辞职在家里宅着，或者呼朋唤友去旅行，都是一件乐事。反正从小被宠大的他们，不用担心生活压力，自有甘心当孩奴的老爸老妈给掏腰包。

出现原因

1. 工作压力。工作岗位或者压力太大，超过身心承受能力，或者工作缺乏激励，再努力也无法取得成绩，无法突破。

2. 职业怠倦。个人出现了身心障碍，虽然工作还可以，但自己却因为身体或精神的缘故，对工作不再有兴趣了，职业倦怠是一种严重的心理问题。

3. 生理原因。每逢夏季，的确会呈现出辞职率比较高的现象，一方面是因为天气的因素，导致人的身体和心理处于低谷期；

另一方面，选择此时辞职，是看好“金九银十”效应，以便调整身心更好地投入下一个职场。

专家建议

1. 职业倦怠实质上是人的一种自我保护，是身体和心灵发出的休息信号。如果已经产生了职业倦怠，还强打精神，勉强去工作，去保饭碗，忽略身体和心灵的信号，最后只能害己。所以，重视职业倦怠，该休息就要好好地休息。

2. 如果没有合理的规划和充分的权衡，仅是因为天气炎热之类的客观因素而冲动辞职，这种行为是不太可取的。毕竟，能够在职场中克服生理、心理的各种困难，也是职业化的表现之一。

口袋技能

智愿者：李宛儒　疯狂海盗　青科员

口袋技能，是指无论身处哪一行业，哪些岗位，都能随时拿出来用的技能。包括思维能力、沟通能力、团队合作能力、应变能力等。目前在许多用人单位，除了研发类岗位之外，许多岗位并不强求人才的专业对口，而更看重员工的“口袋技能”。

热词背景

目前国内大学教育注重知识传授，而对学生素质与技能培养还欠“火候”。某企业列出了对员工的18项行为要求，招聘中发现，大学生难以“达标”的项目包括“团队合作”、“尊重他人”、“追求技术上的卓越”等。面试中，招聘人员会特别注重考查学生这些方面素质和技能，学生表现不佳，很容易被“筛”掉。

因此所谓的“口袋技能”，就是无论身处哪一行业，哪些岗位，都能随时拿出来用的技能。例如思维能力，给你看一篇文章，你能否简练地概括其内容，指出存在的缺陷，提出改进意见。又如沟通能力，当别人不同意你的做法时，或者双方观点发生冲突时，该如何应付。

专家建议

求职时，投递个人简历考验学生自我展示的能力，这也是一种“口袋技能”。许多毕业生喜欢将一份简历“海投”，认为这样能为自己赢得更多机会。专家建议，求职者应根据应聘企业和岗位的特点，来调整和修改简历，让招聘人员看出求职的诚意，尽量不要“全面撒网”，因为不同的用人单位和岗位，对人才的要求是不一样的。

扩展阅读

灰色技能。指一些大学生为了能找到一份比较满意的工作，毕业前专门修习《厚黑学》、喝酒、唱歌等技能的统称。也指某些企业要求毕业生具备的诸如喝酒、唱歌、搓麻、打牌等有特殊要求的技能。从前是学历、证书称霸职场的年代，硕士学历、博士学历、各种英语考试证书、各种等级考试证书，都是求职中有力的砝码。当学历、证书的作用逐渐减弱时，“灰色技能”被很多公司看重。

性别落单

智愿者：aa2011　柳林风声李宛儒

性别落单，指团队中某一性别占绝大多数，而自己则是其中的“少数派”。男人国中的女人花，或女儿国中的男人草，本来是“万绿丛中一点红”的期待，却发现身为那一点红，原来十分扎眼，处境常常尴尬：他们的黑话你不懂，他们的尺度你不宜，他们的爱好你没兴趣，甚至你感觉他们在怀疑你的工作能力……你成了莫名其妙的“局外人”。

心理误区

性别落单在一些特殊行业中比较常见，如建筑工地上的女监理，男性杂志的女编辑等。在男性占多数的团队里，男人的圈子就是女人的异乡，这是最常见的心理取向。

不过，当你把男人划作一个圈子，这个圈子同时也会圈住你，就像孙悟空给唐僧划的驱魔圈，圈里圈外都是一个圈。如果取消这个心理防线，落单的魔影就会烟消云散。

相处建议

1. 挂上自己的“号码牌”，有人喜欢做旁观者，有人虽然参与了但身在曹营心在汉，有人因为自卑而不敢“抛头露面”。这样做的结果，就是难以塑造自己在团队中的身份识别系统，就好比一场球赛“没有号码牌无法分辨运动员”一样，如果团队其他成员看不到你的“号码牌”，在某种意义上就意味着你的落单甚至出局。

2. “见怪不怪”，你越慌张，他们越来劲。对于惊讶，只当没看见。他们干什么，自己也干什么。只要做到和他们一样，大家都会觉得，其实彼此差别不是太大。

3. 注意收集掌握他们特有的词语库，如体育用语和赛事结果、新潮IT产品型号和科技术语等，并在他们聊得热火朝天时，插一段专业见解，让他们惊诧之余感觉到你并不是全然外行。

4. 学会适当示弱。能力再强，业绩再好，不妨在男女差异显著的环境中给别人留点面子。一个过于强势的人，在什么圈子里都是难受欢迎的。

5. 荤段子在同性面前或许讲讲无妨，但在众多女同事面前，最好免开尊口。

默声时代

智愿者：bian幸福　柳林风声　wanghui6438

跟邻桌同事商量事情不用张口，而用MSN之类的聊天工具；逢年过节亲朋好友问候，不再用昂贵的长途电话，改成了群发网上下载的祝福短信；工作汇报也不必浪费公司纸张油墨、不必担心老板脸色，一封邮件统统搞定……以上描述的这些场景你觉得熟悉吗？对，这就是我们每天都在做的事情。我们已经进入了“默声”时代。

默声的职场

无论是公事、私事，往往都喜欢直接来一句Q上说，能Q上聊的绝对不会当面说。有时候，关系比较好的两个同事，交流绝大部分都是通过敲键盘来完成的，似乎谁也不愿意费半点口舌。甚至QQ上的聊天记录超过十页，但张口说话的内容却少之又少。许多人更愿意通过QQ来组饭局，而不用电话通知。

默声的情感

逢年过节，发短信送祝福已经成为了现代人的一种习惯。朋友间的问候，亲人间的祝福，不再像以前一样走亲串门，也少用电话，变成了大同小异的短信。心理专家认为，节日问候短信与人们纠结的心理一样，尽管厌烦，但还是无可奈何地向外发送类似短信。

默声的饭局

参加饭局聚会，在等待上菜的时候，热络聊天的场面不复存在。有人在看电子书；有人iPad玩游戏；有人用手机上微博；有人则不和其他朋友说话，自顾自地拍个不停。沉默不语的饭局，找不到交谈对象，找不到期盼交流的眼神，就剩一个“吃”字。

生活建议

心理学认为，生活中情感的交流，最好的方式是面对面的交谈。因为面对面体验到的形象最鲜明，有声音、有形体、有行为甚至还包括气味等等。信息越清晰，越容易打动人，并让人记忆，朋友间的交流，需要常常通过电话或者多见面，来更新大脑中存储的过期记忆，增进感情。

二群生活

智愿者：陈小蓓　最爱3518　兔吉祥

随着网络办公的发展，不少单位和部门建立了员工QQ群，方便沟通、交流业务，被职场白领称为“官方群”。而私交好的同事，则喜欢私下另建“小群”，用来聊八卦、安排吃喝玩乐，也被称为“二群”。用一句“步步惊心体”来形容二群生活。那就是“无关工作，只关八卦”。

作用

催化同事感情。职场新人初来乍到，首先“搞定”一名热心快肠、与大家关系不错的大哥或大姐，由其引荐加入“二群”，在群里表现再积极点，很快就能被大家接受。

增加工作乐趣。老板今天的领带和衬衣真不搭，老板娘需要补课啦；会计今天心情不好，最好别去报销；内勤买的枣子超甜，赶紧去拿几个，晚了就没了……上班时间聊聊八卦、讲讲小话，“二群”实在是调剂情绪、增加工作乐趣的良药。

提高工作效率。老板派了任务，却没细分。谁敢在官方群里挑肥拣瘦，不如在“二群”里商量好，扬长避短、能者多劳，任务完成是大家的功劳。

面临问题

一、群内奸细。职场残酷，难得有永恒的朋友，一不留神，你就可能因为“二群”而惹来麻烦。在“二群”里发牢骚说的话，居然被“奸细”告诉了上司。

二、闹乌龙。“二群”中的群友一般都是关系较好的朋友，聊的话题难免更私人。而现在的职场人士，大多QQ群成堆，经常同时在几个群中发言，错发了群邮件、不小心泄露了个人隐私之类的事情时有发生。

专家建议

职场陷阱无处不在，自己小心最重要。不管在什么环境，最好都不要说针对领导、同事的过激言论，否则万一被人出卖，或不小心发错了群，就可能对职场生涯造成致命的打击。

模板依赖症

智愿者：柳林风声　兔吉祥　李宛儒

模板依赖症，即写申请、做总结前总是习惯上网搜模板再根据实际情况“填空”。具体表现为在做人做事上不考虑自身条件和特点，一味复制别人的“成功模式”。“模板依赖症”让人们的生活更便利的同时也带来了诸多不利影响。

网络调查

大至招标竞书，小至情书简历，在网络上都可以搜到精致的模板，而且分得很细，拿年终总结来说，还分企业类、事业类……大类下又分小类，每一类中，还分一般员工档、中层干部档、高层领导档，挑到合适的，只要“Ctrl+C”和“Ctrl+V”，稍加修改就可以了。

有心理学人士分析，出现“模板依赖症”，大致是因为：1. 一些工作要求过于形式主义，不需要创造性；2. 使用模板方便快捷；3. 上司或老师不会在意下属或学生是否使用模板。

存在问题

有人认为“不记、不想”，已经是许多都市白领最普遍的互联网行为。“以前人们觉得自己的大脑应该是知识的蓄水库，然而现在年轻人的大脑却像抽水马桶一样，一切知识来也匆匆，去也匆匆，丧失了基本的积累。”

虽然网络上的模板，给了我们工作上的便利，但是也让许多人不再绞尽脑汁思考问题，打击了人的创造力，于是所有的总结、申请等都千篇一律，纯属走形式。改进方法可以参照以下方法：

1. “照搬硬套”只是在做文字搬运工作，学会“举一反三”才是王道。否则，不假思索的“参考”，只会使现在的白领人群变得懒惰，缺乏创新和钻研精神，会让一个人的思维源泉变得枯竭。

2. 参照模板，只是借鉴他人成功的经验，加入自己的思考和创新，个人能力才会得到提升。

90分钟计划

智愿者：兔吉祥　柳林风声　下自成蹊

90分钟计划，指每天的工作时间设定为90分钟一周期，在90分钟时间里关掉电邮，屏蔽即时通讯工具的消息，关掉电脑上所有的窗口，只保持电话畅通。通常情况下工作效率会大大提高，能完成更多的工作，工作成果也更令人满意。

科学依据

把工作时间设定为90分钟，是因为有调查表明，不管做什么事情，身体所能承受集中注意力的最佳时限就是90分钟。佩雷兹·拉维和其他研究者发现的“次昼夜节奏”支配着一个人做事的精力水平。

在90分钟的过程中，特别是当一个人高度集中注意力的时候，他的精力从一个相对高的水平滑落到一个生理低谷。在这90分钟里，通常能完成更多的工作，工作成果也更令人满意，比这一天剩下的时间里任何同样长的时段做得都更好。有时要完全集中注意力90分钟挺难的，但如果总是给自己定一个明确的停止时间，这样做起来更容易。

职场建议

让“90分钟计划”获得成功的关键是非常精确地、有意地、在具体的时间去做，这样最后它变成一种自然而然的习惯，不需要花费太多精力和自制力，就像每天晚上要刷牙一样。

“重要工作”的定义，指任何能增加最持久性价值的工作，用史蒂文·科维的话说，常常就是那些“重要而不紧急”的挑战，那些我们一再往后拖延的工作。而现实中我们往往更愿意去做那些更紧急、更容易完成、能更快带来成就感的事情。

设定一个确切的工作时间。如果不给自己设定一个确定的、具体的开始工作的时间，也许就会一直往后拖延下去。“再等一下，”你会对自己说，“我回完这封邮件就去做。”不知不觉中，你也许已经回了十来封邮件，而这时，又来了几封新邮件，等着你去回复。

毒舌上司

智愿者：小　彦　池中玉

毒舌上司是指用尖酸、刻薄的语言数落下属的领导。“毒舌上司”是相当令人反感的，虽然一些员工可能会在“毒舌”的压力下，做好工作，但这并非长久之计，强力拉扯的橡皮筋总有断掉的一天。调查显示不少员工曾经因为上司的“毒舌”中伤而选择跳槽。

毒舌是怎么炼成的

在一些选秀节目中，很多评委以“毒舌”著称，尖酸、刻薄的语言层出不穷，心理素质稍低点的选手，很容易崩溃退场。而在当下的写字楼里，经历这样的事，则成了一部分白领的家常便饭，就是因为他们都有一名“毒舌上司”。不管是犯点小错，还是看不顺眼的小事，上司就会“弯酸”一顿，而且那些语言，简直“让人跳楼的心都有了”。

一些公司老板、管理人员和业务主管，之所以对下属动辄“毒语四溅”，原因是复杂的：有的属身居管理层滋生了优越感，对员工的人格尊严缺乏应有的尊重；有的有天然性格缺欠，遇事不顺，习惯于拿下属当“出气筒”；有的属调侃无度，不顾对方感受，把下级当成了“开心果”。

你是毒舌上司吗

如果你是一位管理人员，在日常工作中经常否定员工成绩毫不留情、脾气大且爱咆哮、不爱护女下属、凡事苛求细节，也许你的下属已经把你称为“毒舌上司”了。

“毒舌上司”的恶语中伤，会严重降低员工的工作积极性，使得公司内部凝聚力下降，更为严重者会促使公司人员流失。

毒舌语录

“你写的方案还不如我念小学的女儿。”

“你做事的速度比龟速还慢。”

“你的气质，简直就是把名牌衣服穿成地摊货的那种。”

“让你做个策划，你那个表情比便秘还痛苦。”

“公司里农村出来的都买车了，你是有多穷？”

“你看你一个老姑娘，世界末日的时候不知道嫁得出去不？”

“你除了吃饭还会做什么？”

“你每天花枝招展的，我怀疑你是不是下班以后还有兼职。”

办公室桌面形象

智愿者：沈小仙　陈小蓓

资深的白领往往会提醒职场新人：老板其实有看过你的办公桌，心里还会悄悄给你“打分”的！这就是办公室桌面形象。调查显示，超过半数职场人认为，桌面形象可以直接反映出个人职业习惯及个人风格。

上司以桌取人

有调查公司对美国、英国、澳大利亚、德国和法国5个国家的2600名经理人进行的调查，48%的受访者喜欢乱而有序的办公桌风格，这类办公桌上虽然东西很多，但是牵扯到工作方面的文件却不可思议地整齐。

不断被职场人士提到的“桌面形象”论，并非没有根据。资深的白领就会好心提醒新人：虽然不像学校里老师巡查一样正规，但老板或者上司确实会悄悄通过桌面来观察一个职员的处事作风。“我时常会在办公室里走动，如果某位下属的桌面总是很凌乱，我会重新考量他（她）的职业水准。”有高管这样说。

专家看法

北京大学心理学系教授分析，不喜欢收拾办公桌，与一个人长久以来的生活习惯、本身的个性张扬及心理滋生的惰性都有关系。也有些人是为了释放内心压力而故意这样做。一张凌乱的积满灰尘的办公桌，会使人们的思维凌乱，产生烦躁的情绪，影响工作效率及智慧的发挥。如果办公桌之间距离比较集中，凌乱的桌面还会影响其他人的视觉和工作情绪。

职场建议

1. 办公桌是工作平台，不是摆放物品的仓库，非摆在桌面不可的东西，大概只有计算机跟电话，就算要放置当下会用到的东西，也要在工作结束后马上收拾干净。

2. 如果需要放在桌面上的资料实在太多，不妨选择小书架或者文件盒，通过不同颜色、质地的文件夹和标签来分类收纳。建立固定的工作模式，也会事半功倍，例如办公桌的第一层抽屉放工具书，第二层抽屉放文具。

3. 女性办公桌上，日常办公用具、水杯、绿叶植物和电话（包括手机）可以出现在台面上。至于零碎的办公物品（如回形针、胶水、剪刀）、私人照片、美容用品(例如镜子、护手霜)、零食，乃至包装精致的礼盒等等，最好放置于抽屉或者小型杂物盒之中。

ld任史蒂夫·乔布斯高速铁路地沟油校车郭美美伤不起PM2.5蛋盐占领华尔街
匆忙症不持有的生活假性减肥水胖孕傻F因素轻食主义女巫型白领职场损友吸血鬼型领导
分钟计划毒舌上司办公室桌面形象八卦节TVB体数码毒瘾诗词混搭体萝莉节培根邮件高铁
图爱情恐慌建设性吵架格差婚财务出轨潮婚时代感情洁癖恋商假单亲熟年离婚时尚
等身材宅内族不能说小姐温柔大男人反潮族维生素小姐没空小姐机男机女阿尔法男极客文
症治愈游戏美人冷感症奢侈心理学断网恐惧症周三症候群A型性格心理卸妆Hold
动力猫式养生自残式养生晚娘脸裸烹蹭生活裸漂中药零食 口效应负营养轻生活人生匆
领导职场贱民辞职面试守寡式职位2030失业现象乌式就业暑歇口袋技能性别落单默声时代
体萝莉节培根邮件高铁体有种体如果不学体头像性格宋词密码网络情人节私奔体女
情洁癖恋商假单亲熟年离婚时尚奴隶穷时尚字母身材无龄系美女美丽进化宅休假化妆上瘾
空小姐机男机女阿尔法男极客文化粉丝电影怨蜜中国式父母月亮男途书族吝享族心理
周三症候群A型性格心理卸妆Hold住史蒂夫·乔布斯高速铁路地沟油校车郭美美伤不起
效应负营养轻生活人生匆忙症不持有的生活假性减肥水胖孕傻F因素轻食主义女巫型白领
代二胖生活模仿依赖症90分钟计划毒舌上司办公室桌面形象八卦节TVB体数码
效养诺丁山情结主动单身相亲谎话隐离爱情恐慌建设性吵架格差婚财务出轨
刑音乐强迫症腰龄女性爷时代假面时代中等身材宅内族不能说小姐温柔大男人反潮族维生

四 IN网络

八卦节

智愿者：王小泡　sinoalex　蒙蒙站起来

八卦节，网友自发为具有八卦精神的人设立的节日。在这个网络娱乐时代，一些颇富娱乐精神的网友最喜欢的就是“八卦”，由于数字“818”的谐音，网友自2009年起将每年的8月18日（简称818）定为八卦节。

由来

对中国人来说，8月18日，“发要发”，绝对算个好日子。对于众多网友来说，8月18日有另外一层含义，他们把这一天称做是“八卦的节日”，所有的一切都源于论坛中那无所不在的818。

纵观各大论坛，基本上都有“娱乐八卦”这样的版块，而在这样的版块中，聊什么都可以，因为在广东话中，“八卦”的本意就是到处说说，传播话题。“818”发音与“八一八”相同，是八卦论坛帖子中的标志性标题。在“818”的引领下，没有什么话题不可以被讨论。

网友点评

在网友们眼中生活中从来不缺少八卦，缺少的可能只是一双发现八卦的眼睛和一张传播八卦的嘴(或者是敲键盘的手)，所以8月18日被网友称为“多么美好的日子”。

有网友点评道：“不知道从什么时候开始，八卦满版的818这个，818那个，从曾经的一头雾水到现在的运用自如，818，已经深入到我们的生活，我们的工作，甚至我们的骨髓……从开始的8明星，到后来的8鸡婆（爱管闲事的人）、8小三、8邻居同学同事，再到现在的无所不8，真的是生活无处不八卦”。

延伸阅读

8月18日的八卦节，热爱娱乐八卦的八公八婆八姐八妹八兄八弟等八友们引来了自己的节日。在这个尽情发挥八卦娱乐精神的狂欢节里，一些网友提出要另眼看八卦，并在互动百科创建了一系列热词，比如“八卦减压法”一词，认为娱乐八卦可为都市白领减压，“八卦反腐”指出“郭美美”、“卢美美”等八卦事件成为反腐利器，“八卦经济学”则指出明星、企业、影片等利用八卦新闻制造卖点从而获取经济利益，已成为一门经济学。

TVB体

智愿者：woaiqiuqiu　疯狂海盗

TVB体，指大量套用TVB（香港电视广播有限公司）电视剧中的经典台词来“吐槽”或者寻求“安慰”，这种新的网络文体被赞语言平实却“很疗伤”，成为新的“吐槽”方式并在网络上走红，受网友追捧。

来源

出自天涯论坛的帖子：“我找不到男朋友，大家可不可以用TVB语气安慰我一下。”马上有回复：“发生这种事，大家都不想的。感情的事呢，是不能强求的。所谓吉人自有天相，做人最要紧的就是开心。饿不饿，我给你煮碗面……”

瞬间火速激发港剧爱好者们的热情，从而总结出不少TVB经典台词。同时，不少网友也套用这一句式来造句，“吐嘈”各行各业遇到不开心时的感受，TVB体也随之走红。

经典句式

“呐，做人呢，最重要的是开心。”

“最主要是一家人整整齐齐，开开心心！”

“对不起，我们已经尽力了。”

范本

天气预报版："发生这种天气，大家都不想的。老天的事呢，是不能强求的。所谓吉人自有天相，带没带雨伞都没关系，淋雨呢，最重要的是不要不开心，饿不饿，我给你煮碗面，啊嚏……"

微博版："呐，做微博呢，最重要的就是开心。求关注的事呢，是不能强求的。呐，粉丝不要你，是他们不懂得珍惜。发生这种事呢，大家都不想的。呐，我用了你最喜欢的TVB体，要不要一起求个粉？"

数码毒瘾

智愿者：cassidy小小　柴旭阳　柳溪

数码毒瘾，指现代社会人对众多科技产品依赖性增强，甚至上瘾，一旦脱离科技产品时就会感到恐慌和孤独。

调查数据

研究表明年轻人被迫脱离科技产品时感觉到的症状和瘾君子突然戒毒或戒烟时的感觉很相似，“绝大多数”大学生无法让自己一整天不去用这些科技产品。

此调查涵盖了英国、美国、中国等10个国家的12所高校的近1000名大学生。全球各地的大学生均承认对手机、笔记本电脑、电视以及Facebook和Twitter等社交网络这些现代科技产物“上了瘾”。近五分之四的学生在被迫脱离科技产品一整天时，会感到严重的心理和生理不适，并会感到恐慌、迷惑和极度孤独。

表现

美国大学生们承认这和吸食强效纯可卡因的瘾君子毒瘾发作很相似。学生们用“几乎一样的字眼来形容他们的反应”。这些形容词表达的情绪包括烦躁、迷惑、焦虑、易怒、不安全感、紧张、坐立不安、疯狂、上瘾、恐慌、嫉妒、生气、寂寞、过分依赖、抑郁、心神不宁、偏执等。

学生们描述了没有科技产品的可怕情景，以及他们上瘾的程度。他们预料自己会感到沮丧。但他们没预料到会产生心理影响，会感到寂寞、恐慌、焦虑，甚至会感到心悸。

诗词混搭体

智愿者：xiaofuzai　柳林风声　牧马

诗词混搭体，原指将不同朝代、作者的诗词中的句子搭配在一起，如“踏破铁鞋无觅处，那人却在灯火阑珊处”。随着网络的发展，唐诗宋词则被网友用来恶搞自身的职业或自身某种的处境，如“雌雄双兔奔地走，我连对象都没有”。

渊源

诗词混搭是有一种古老的文字游戏，叫做集句，即从许多诗中分别截取一句，组合在一起，凭借诗句本身的模糊性，赋予新组合一种新的意境。

诗词混搭体这类“造句”多集中在网络编辑这一特定圈子中，倚仗诗词文化的博大精深，诸如“两个黄鹂鸣翠柳，一群网编做专题”、“窗含西岭千秋雪，网编天天做专题”等“穿越混搭句”层出不穷，职场自嘲意味不言而喻。

百搭诗句

按照“混搭诗词”的命名原则，类似“长使英雄泪满襟”这样几乎能搭配在任何一句诗后面的句子，被称为“百搭诗句”。最著名的有“一枝红杏出墙来”（叶绍翁）、“从此君王不早朝”（白居易）、“宣城太守知不知”（白居易）等。

其中“宣城”一句衍生出多个版本。天文学：青天有月来几时

（李白），宣城太守知不知；环境学：问渠那得清如许（朱熹），宣城太守知不知；侦破学：茂陵不见封侯印（温庭筠），宣城太守知不知……

凡是“百搭诗句”都有一些共同特点：本身句子的表意不能太窄，需要一种广泛的、群众性的含义。一般比较直白，不能太晦涩，不然就会降低其‘百搭’的功能。从字数上说，七言会比较好，因为五言表意有限，另外七言更贴近口语白话，用起来容易些。

萝莉节

智愿者：Lwc_314　兔吉祥　蒙蒙站起来

萝莉节，指每年的10月11日。在英语中，萝莉的拼写为“loli”，该单词与阿拉伯数字10和11合起来神似。网友因此将每年的10月11日视为所有萝莉、伪萝莉、萝莉控的节日。

萝莉说法的由来

“萝莉”或“洛丽塔”作为名词用以指称“女孩子”本身，或指称“穿着萝莉装的女性”。但作为形容词有时会专指“拥有萝莉风格”。

美籍俄裔小说家弗拉基米尔·纳博科夫1955年出版了长篇小说《洛丽塔》，描述一名中年教授迷恋上12岁女孩洛丽塔(Lolita)的故事。此书曾被改编为同名电影《洛丽塔》（也被译作《一树梨花压海棠》），剧中女孩设定为15岁。此后，凡是带有剧中女主角特质者，就被称为“洛丽塔”或“萝莉”。

网络节日为何盛行

网络节日为何如此盛行呢？有专家指出：现代人生活节奏感快、职场压力大，希望通过节日放松心情、缓解压力，这是网络节日频繁出现的社会心理背景。

事实上，“网络节日”只是一个虚拟的概念，这也是当传统习俗碰撞网络时代后网络改变人们生活方式的具体体现，但网络只是改变过节方式，不变的仍是节日的特质，虚拟空间所承载的内容，依然是人们精神生活与社会生活的真实片段。

培根邮件

智愿者：wanghui6438　下自成奚　池中玉

培根邮件，又称“半垃圾邮件”，是由个人订阅的，但是不一定想阅读或没有时间阅读的非个人的非垃圾邮件，如网站新闻更新、提醒乃至商家的促销广告等。

爆炸增长

在过去数年中，这种介乎垃圾邮件与常规邮件之间的“垃圾邮件2.0”有了巨大的增长。Bacon对营销人员的吸引力是显而易见的：发送大量的电子邮件几乎不需要什么费用，而且回报丰厚。2010年，每天有27397260274封Bacon电邮发出，相当于每个地球人每天约接到4封，相当于每个活跃的电邮用户每年接到7300封。2010年在线零售商获得的回报是260亿美元。

与垃圾邮件的不同

培根邮件（Bacon）与垃圾邮件（Spam）最大的不同，在于培根邮件是你自己订阅的，比如谷歌新闻更新、Facebook的提醒和Groupon优惠活动。事实上，你一旦订阅了培根邮件了，它也会像垃圾邮件那么令人讨厌。

高铁体

智愿者：莫小夏　米兰精灵　小小米粒

高铁体，源于温州动车追尾事故新闻发布会的雷人“官”语。2011年7月24日晚，铁道部新闻发言人王勇平在回答“车体为何掩埋”时表示是为便于抢险，“至于你信不信，我反正是信了。”这一问答句式，随后被网友们称为“高铁体”，纷纷以此造句，多数网民以此表达不满情绪。

由来

随着“至于你信不信，我反正信了”成为网络流行语，有人将该句式称为“高铁体”。微博上出现一位叫“高铁体”的网友，发动了一个叫“高铁体造句大赛”的活动，以表达对事故的质疑。该网友称：“以‘……，至于你信不信，我反正信了’为句式进行造句，优胜者将获得10万Q币和铁道部发炎人职位，至于你信不信，我反正信了”。

网友造句

1. 坐了好几次D3115次列车了，没死真是个奇迹。至于你信不信，反正我信了！这真是个活生生的奇迹啊！

2. 这起事故与铁路部门无关，是乘客的问题，他们不该上这趟车，这就是事故最终调查结果。至于你信不信，我反正是信了。

3. 中国足协说：中国足球能进2014世界杯，至于你信不信，反正我信了！

4. 房价是百姓可以接受的，至于你们信不信，我反正是信了。

有种体

智愿者：蒉芬　krisfish　老乐乐

2011年6月，网络流行“有种体”，以“有种……叫……”的句式，秀各地的方言。顿时全国各地网友，开始了不亦乐乎的造句。“有种体”梳理了一个地方的语言文化，让同地域人产生认同感。

起源

“有种……叫……”的文体，被网友称为有种体，各地网友按照这个格式在后面不停续文，演绎各种风趣的方言。

“有种体”最早在微博上出现，分为武汉话和南京话两个版本，之后向“纵深”扩散，然后有了“在上海，有种……”“在杭州，有种……”有些语言只有生活在这个城市的人才懂，所以“有种体”书写的是一个地域内的熟悉感、认同感，同时也在梳理这个地方的语言文化。

版本

武汉版：有种饮食叫“奇饭”（意指：吃饭），有种掩饰叫“冒得四”（意指：没事），有种扫地工具叫“条驹”（意指：扫帚），有种小吃叫“乐干面”（意指：热干面），有种恶心叫“沃心”（意指：寒碜），有种失败叫“掉得大”或“掉底子”（意指：丢脸或损失很大），有种厉害叫“杂食”（意指：不错、厉害），有种调情叫“媒”或“醒到媒”（意指：装嫩、撒娇）……

南京版：有种姑娘叫“潘西”（意指：小靓女），有种小伙叫“小杆子”（意指：小帅哥），有种特殊人群叫“活闹鬼”（意指：不务正业），有种社交叫“划水”（意指：蹭饭之道）……

如果不学体

智愿者：toboe　woaiqiuqiu

“如果不学新闻，我想做个理发师。”虽然只有短短13个字，但类似的行文格式在网络上保持队列，数万网友都被“Hold住”了。网友们按照“如果不学……，我想……”这一句式与大家分享了自己大学专业与梦想的差距。其中，80后反响特别强烈。

由来

“如果不学新闻，我想做个理发师”……人人网上一个名叫袁琳_Lynn的网友发布了这样一条内容。两天时间内，这条内容就被转发了39307次。网友们纷纷借用“如果不学……，我想……”的句式，道出了自己的梦想，而“如果不学”体也迅速成为了当月的网络热词。

据网络统计，在转发“如果不学”体的网友中，80后占了绝大多数。时光不可逆流，时间无法倒转，只能在网上用假设抒发感慨，如果，如果能再选一次，如果能坚持最初的梦想，现在兴许能过得更好。

例句

“如果没学中文，我想开个养殖场，再种片小葱。”

“如果不学气象，我想去开个首饰店，自己设计自己卖。”

“如果不学设计，我想做个自由旅行者。”

网友评论

有网友称，专业与梦想之间的假设关系彻底“Hold住”了网友，这句话引起的连锁效应说明了绝大多数网友在大学学习的过程中都渐渐与梦想越走越远。有网友则认为这句话让更多的人开始思考如何把握专业与梦想的差距。很多网友表示，专业更接近现实，梦想更多的时候是一种爱好，两者的差距是合理存在的，只是大家要学会如何去缩小这种差距。

头像性格

智愿者：aa2011　下自成奚　宁静的心

不少QQ、微博控们经常更换自己的头像和网名，一则鉴定微博头像气场大小的段子被疯狂转发，气场不强的女人，头像往往是个气场很强的洋妞；气场强大的女人，头像一般是真相；气场强大的男人，头像一般是动漫人物，气场不强的男人，头像是真相。

头像代表你的性格

网络时代，人人都可以有很多面。线下内向、线上疯狂的人也不在少数。如何才能从这些纷繁的虚拟景象中判断某个人的真实状态呢？有人说，看头像就好了。

混迹网络许久的人们大概都会有过十几个头像，不过有人说，你选的第一个头像是最像你自己的。还有人喜欢用跟自己形象完全不同的头像，展现虚拟的另一个自己。不管怎么样，我们凭着直觉创建头像时，它就会反应出我们的敏感度、个性以及喜好。这就是“头像性格”。

延伸阅读

“微博内容的后两句则有几分无厘头的味道，用小动物的姑娘都是靠谱懂事的好姑娘，这样的姑娘赶紧娶，用风景图的是小清新好咩！木有气场！用动漫的女人，既宅又腐前途未卜，表跟我谈气场。”

微博的用户名也被冠以了头衔，“真名——老实巴交；全英文——小文艺与小装叉；超过7个汉字——动漫电玩宅或话痨；每月至少改一次名，总结还远远不止这些；带热门、星座、语录字样——广告账号无误；无意义字眼组合——大波僵尸粉；以上均不包括——恭喜你是个无聊的正常人。”

微博名字超过7个字的，有75%的可能是美眉。而且很多小美眉通常还喜欢使用主谓宾完整，有形容词，带有强烈情绪，但是不知所云的一句话来作为微博名。

宋词密码

智愿者：梅花狼　遥远遥远

源自网友yixuan统计的《全宋词》高频词语排行榜，随机将不同词语在排行榜中的排序数码组合在一起，网友就可以造出一首优美的宋词，掀起网络造句的潮流，这个榜单被网友称为宋词密码。

来源

2011年初，yixuan在自己的博客做出一个特别的《全宋词》排行榜，“东风”一词以出现1382次的频率高居榜首，“何处”、“人间”两词语分列二、三名，从东风、万里到断肠等等，随机的词语组合在一起便可成就一首意境优美的宋词，这使得众多网友诗意大发，在网络掀起一股一秒钟变诗人的热潮。

在yixuan贴出的高频词中，排在前面的分别是：1、东风（1382）2、何处（1230）3、人间（1202）4、风流（857）5、归去（812）6、春风（802）7、西风（779）8、归来（771）9、江南（765）。

圆周率版宋词

只需随机选择几个排行榜中的词语，便可拼凑出一句句华丽又优美的短句。将圆周率的数字，与“宋词”的高频词表序号一一对照，“创作”出一首《清平乐·圆周率》：“回首明月，悠悠心事空，西湖何事寂寞中，风吹斜阳匆匆，芳草平生斜阳，风吹寂寞今日，一枝富贵年年，断肠长安不知?

为自己作首词

如果你是1983年1月20日生的，对照编号，你的生日词可以是：“年年肠断，（空）万里。”也可以换一种排法，变成“19，8，31，20”也就是：“年年西风，依旧万里。”或者其他排法均可。如果你觉得这样还是不过瘾，可以再精确到小时、分、秒。

网络情人节

智愿者：白天鹅　蒙蒙站起来　兔吉祥

网络情人节是虚拟的网络世界第一个固定节日，定于每年5月20日，是广大网民自发组织的一个网络节日。

介绍

数字电视、数字网络、数字信号……当数字化革命来临时，爱情也受到了波及。聪明绝顶的网虫成功破译出了“520＝我爱你”这个不亚于哥德巴赫猜想的世界级爱情密码后，爱情也掀起了一场“数字化”革命。5201314（我爱你一生一世）、334420（生生世世爱你），数字化爱情在网络上迅速蔓延开来。“520”三兄弟以温馨、浪漫、时尚的形象迅速在网络上走红，他们成了网络人士的新宠，他们成了爱情的代言。

特点

网络情人节以意味深长、个性张扬、独具魅力的特点博得了年轻人的推崇。与2.14相比，网络情人节具有以下特点：年轻化、精神化、含蓄化。

“520”，简单的数字，表达的却是网络的情人们不能当面说出的那句“我爱你”，借助网络，借助数字密码——他们的爱情，含蓄地表达。

数字化爱情

1314	一生一世
53770	我想亲亲你
53719	我深情依旧
25184	爱我一辈子
1392010	一生就爱你一人
220225	爱爱你爱爱我
584520	我发誓我爱你
246437	爱是如此神奇
1314925	一生一世就爱我
594230	我就是爱想你
360	想念你
2010000	爱你一万年
1372	一厢情愿
74839	其实不想走
20999	爱你久久久
5871	我不介意
829475	被爱就是幸福

私奔体

智愿者：美丽懒腰　兔吉祥　有你才叫我们

私奔体，源于鼎晖创业投资合伙人王功权微博上的一条博文。王功权宣布“放弃一切，和王琴私奔了”，这引发网友的戏仿与造句很多网友利用“私奔体”或调侃或抒情，用“私奔”来表达自己对某人或某事的追求。但大多数网友都把和“人”私奔改成了和“形容词”私奔，来表达自己对于这些方面的追求，如和“自由”私奔，和“房子”私奔等等。

微博原文

“各位亲友，各位同事，我放弃一切，和王琴私奔了。感谢大家多年的关怀和帮助，祝大家幸福！没法面对大家的期盼和信任，也没法和大家解释，也不好意思，故不告而别。叩请宽恕！功权鞠躬”。这条发于2011年5月16日深夜的微博被瞬时间传播，一小时内转发近5000次，评论近3000条。国内各大网站、论坛社区等也开始热议此话题。有人甚至建议把5月16日定为“私奔日”，恰好谐音“我要溜”。

句式范例

1. 和假日私奔

各位亲友，各位同事，各位博友，我放弃一切，和假日私奔了。感谢大家多年的关怀和帮助，祝大家幸福！没法面对大家的期盼和信任，也没法和大家解释，也不好意思，故不告而别。叩请宽恕！××鞠躬！

2. 和人民币私奔

各位亲友，各位同事，我放弃一切，和人民币私奔了。感谢大家多年的关怀和帮助，祝大家幸福！没法面对大家的期盼和信任，也没法和大家解释，也不好意思，故不告而别。叩请宽恕！××鞠躬！

3. 和房子私奔

各位亲友，各位同事，我放弃一切，和房子私奔了。感谢大家多年的关怀和帮助，祝大家幸福！没法面对大家的期盼和信任，也没法和大家解释，也不好意思，故不告而别。叩请宽恕！××鞠躬！

old住史蒂夫·乔布斯高速铁路地沟油校车郭美美伤不起PM2.5播盐占领华尔街
匆忙症不持有的生活假性减肥水胖孕傻F因素轻食主义女巫型白领职场损友吸血鬼型领导
分钟计划毒舌上司办公室桌面形象八卦节TVB体数码荐瘾诗词混搭体萝莉节培根邮件高铁
离爱情恐慌建设性吵架格差婚财务出轨潮婚时代感情洁癖恋商假单亲熟年离婚时尚
等身材宅内族不能说小姐温柔大男人反潮族维生素小姐没空小姐机男机女阿尔法男极客文
症治愈游戏美人冷感症奢侈心理学断网恐惧症周三症候群A型性格心理卸妆Hold
惑力滥式养生自残式养生晚娘脸裸烹蹭生活裸漂中药零食一口效应负营养轻生活人生
领导职场贱民辞职而试守寡式职位2030失业现象马式就业暑歇口袋技能性别落单默声时
搭体萝莉节培根邮件高铁体有种体如果不学体头像性格宋词密码网络情人节私奔体
感情洁癖恋商假单亲熟年离婚时尚奴隶分时尚字母身材无龄系美女美丽进化宅休假化妆
没空小姐机男机女阿尔法男极客文化粉丝电影怨嫁中国式父母月亮男途书族吝享族
症周三症候群A型性格心理卸妆Hold住史蒂夫·乔布斯高速铁路地沟油校车郭美美伤不
口效应负营养轻生活人生匆忙症不持有的生活假性减肥水胖孕傻F因素轻食主义女巫型白
代二群生活模板依赖症90分钟计划毒舌上司办公室桌面形象八卦节TVB体数码
放养诺丁山情结主动单身相亲谎话隐离爱情恐慌建设性吵架格差婚财务出轨
测音乐强迫症腰龄女性爷时代假面时代中等身材宅内族不能说小姐温柔大男人反潮族维生

五 IN情感

A女D男说

智愿者：530262676　下自成奚　池中玉

A女D男说是对中国婚姻情况的一种解读，由于男人都爱面子，所以希望老婆不如自己优秀，最后A男选了B女，B男选择了C女，C男选择了D女，所以剩下A女D男。多金女和贫困男成为了中国婚姻的新难题。

概述

按财富和地位把人分为四等A，B，C，D。由于女人爱面子、爱钱。女人都想嫁有钱人，要车要房，什么都要，于是出现D女嫁C男，C女嫁B男，B女嫁A男，剩下A女。其实男人都想娶跟自己相当的女人，如A娶A，B娶B……但没办法，只有没自己优秀的女肯嫁自己，所以最后剩下D男。

A女的台词是：我有车有房，吃香喝辣，完全不需要靠男人来提升生活水平，没有合适的就“单”着呗。至于D男呢，他们往往集中在农村地区，深陷贫穷，缺少改变窘境的能力和资源。如果我们可以把前者视为主动单身的话，那么后者则是完完全全的被动单身了。

A女D男成剩族

人口结构上男多女少的性别失调，加上社会意识上的男强女弱的婚姻定式，在未来很长一段时间内，成千上万的A女D男难以婚嫁将成为现实。

D男的问题，只有通过国家加大扶贫力度，推进城市化进程，进而提高其就业能力和收入水平，方可缓解。

先富的A女，其居高不下的择偶心态，既是传统意识沉淀，又受消费社会影响，单靠个人掉头也难，何况这些多金女大半是工作狂，职业压力大，休闲时间少，社交半径又小，良缘难觅，如果社会不加以干预，许多人可能只有一“单”到底了——这些受过良好教育的女性，也将失去做母亲的机会。

感情放养

智愿者：少室山　千里不留行　贾宇航

感情放养，指婚姻中相互信任和尊重，给对方适度的自由空间。女人若是处心积虑地要老公和你每天黏在一起，很容易消耗完彼此的热情和激情，夫妻之间容易产生敌对与轻视情绪。聪明的女人能理解丈夫工作和生活中的压力，鼓励他多交朋友，多参加社交活动。

“放养”还是“圈养”

电影《手机》曾经对“放养”男人好还是“圈养”男人好进行了热烈讨论：一位男主人公费墨，被妻子牢牢地看住，结果他被看得老实了；另一位男主人公严守一，被妻子放养出去，结果被“放”得毫无拘束，最后被妻子直接放弃了。

在实际生活中，有的妻子回家要翻看老公的手机、闻身上的香水味，不允许并怀疑老公与异性朋友交往；有的妻子要求老公务必每日5个电话、20条短信，外出汇报行踪，跟朋友同事聚会出示有效证明……，可是越来越多的人在对老公严防死守的“婚姻保卫战”中越走越远了，正所谓“圈得住我的人，却圈不住我的心”。

放养秘笈

感情放养戏法人人会变，各有巧妙不同，放养老公成功与否的关键，就在于女人们能否拿捏好尺度。太紧，放养老公则成了流于形式的口号；太松，老公从此一泻千里也说不定。运用之妙，存乎一心。

绝招一：放养而不放任

放养不表示就任其撒着欢地满世界飞，男人也是容易受诱惑的，女人凭借各种隐晦的明示或暗示的手段加以及时纠正，也是绝对必要的。

绝招二：信任而不盲从

信任是成功放养老公的前提条件，但并不等于闭上眼睛，要在有自我判断的基础上相信你的配偶，这不仅是爱他，也是爱你自己。

绝招三：远离而又吸引

放养老公这一招数，女人们最怕的是自己留下的空间，却让别的女人趁虚而入。停止自怨自艾，学会让自己充满魅力，男人最终是逃不过你的掌握的，这才是聪明女人的做法。

诺丁山情结

智愿者：微微可口　王小泡

诺丁山情结，指男人们渴望浪漫，渴望梦想中完美的女明星或者童话中完美的女主角，来到自己的生活中，带给他刻骨铭心的邂逅，终使自己的生活也堕入童话。

浪漫爱情情结

诺丁山般的浪漫爱情属于一种情结，是理想化的爱情故事，是“灰姑娘遇到王子”的故事。诺丁山般的爱情故事，应该曾是每个人的梦想，很多人幻想自己也可以有次浪漫的邂逅，也期待自己也可以跟心爱的人有一段属于自己的甜蜜爱情。

很多人也曾为诺丁山般的爱情故事疯狂过、浪漫过，只是一切过后现实让人们都回复了平静，大多人只是平凡的普通人，人们终究要过属于自己的平凡生活。

现实击碎愿望

诺丁山式的爱情却保存在人们心底的某个角落，人们期待某天幸运可以降临到自己的头上，这只属于愿望。

郭羡妮嫁给了朱少杰，让人们怀着的梦想再次燃烧起来，原来诺丁山的爱情还是存在的。亚洲第一美女林青霞嫁给百亿富豪邢李原让人们懂得美女终会有好的归属。大S嫁给汪小菲，让人们明白，原来只有豪门才娶得起明星。人们心中的诺丁山式的爱情再次被击碎，因为人们只是普通人，诺丁山式的爱情只能属于愿望。

主动单身

智愿者：文思雅　princewgh　陈小蓓

主动单身，指很多经济独立，拥有话语权和社会地位的女性，不再是被迫剩下来的稀缺物种，而是主动选择单身。女性主动追求单身，正是因为她们自主能力增强了，开始反思传统婚姻中的女性角色，在对传统性别角色作重新审视后，女性更能勇敢地表达自己的真实想法。

热词背景

在女人30岁不结婚就成老姑娘的传统观念里，单女们被有色眼镜恶意中伤。然而，这一现象正在逐渐变化中，因为她们中的很多经济独立，拥有话语权和社会地位的女性，不再是被迫剩下来的稀缺物种、而是主动选择单身，不依附于男性就能实现人生价值的现代都市女性。而且越来越多的单女开始对自己的生活感到自豪。

未婚城市女性群体，属于主观选择型的单身。女性主动追求单身，正是因为她们自主能力增强了，单女们开始反思传统婚姻中的女性角色，在对传统性别角色作重新审视后，女性更能勇敢地表达自己的真实想法。结婚后要挣钱养家、永远做不完的家务、难以相处的公婆，还有老公出轨的可能，想到这些很多单女们感叹：人生苦短，要好好地、明明白白地活。

数据

21世纪以来，西方发达国家选择单身（或推迟结婚）人群日趋增多，出现了“单身世纪”的说法。据美国人口普查局2010年9月28日公布的数据，在25～34岁的人群中，从未结婚的人数高达46.3%，已婚的仅占44. 9%，单身人群首次超过已婚人群，成了多数。

无独有偶，亚洲也开始出现了这样的趋势。2005年，北京30～50岁的单身者中女性超过六成，上海女性中认同单身的高达82%；2007年，上海抽样调查显示，单身女性增幅比男性略高，在某些地区数量上超过了男性，且离城区越近，单身的可能性就越大。

相亲谎话

智愿者：wanghui6438　下自成奚　woaiqiuqiu

相亲谎话，指男女相亲过程中，即便不想继续交往，出于礼貌而说的一些客套话。据调查结果显示，相亲谎话中“以后再联系”排首位。

名词来源

这个说法最早来源于韩国，是通过社会调查得到的一个结论。该调查证实大部分的未婚男女在相亲时都会向对方说谎话，有些谎话是希望博得对方好感，有些谎话则是礼貌性的。在调查中，相亲男女说的最多的谎话是“以后再联系”，这主要是出于礼貌，虽然不想继续交往，但不希望双方太尴尬。

谎话排行榜

在男性受访者中，35%的人认为相亲时女性最不可信的话是“这是我第一次相亲”，其次是“我实在太忙，没来得及打扮就出来了”(27%)，以及“我不太能喝酒”(21%)。

在女性受访者中，47%的人认为相亲时男性最不可信的话是“我不在乎女人的外貌”，其次是“因为工作忙错过了婚期”(20%)，以及“你肯定很受男人欢迎”(18%)。

相亲禁忌

1. 言语刻薄，不留情面。就算一见就烦，也要保持自己的风度。

2. 应该特别注意自己的形象，不可太随便，干净、合体就好。

3. 在相亲时，可以尽量调节气氛，不要太紧张，可以幽默，但不可以“贫气”，要把握尺度。

4. 初次见面，尽量不要让对方进入自己的私人住宅，地点最好选在咖啡厅或茶室。

5. 少发表对问题的不好看法，那在女生眼里就像她妈那样唠叨。

隐 离

智愿者：wanghui6438　buildwonder　池中玉

隐离，属于一种现代社会现象。是指对外隐瞒自身已经离婚的事实。因为孩子、父母、亲情、面子等等原因，他们被迫隐瞒实情，对外继续假装夫妻。长期处于‘隐离’这种不确定状态，为了把谎话说圆而整天提心吊胆，最终会导致心理疾患。

名词来源

作为“隐婚”的衍生词，“隐离”二字，2011年伴随着“佟掌柜”闫妮公开承认已于2004年离婚的新闻，再度成为热门词汇。比起“隐婚族”已经结婚却还要装单身的潇洒，“隐离族”明明已经离婚却还要以幸福模样示人的强装笑颜。

类型

1. 选择性隐离：主要是针对单位隐瞒，不希望私人情感问题影响工作提升，免受他人议论，这种方式是一种对自己适当的保护，可以避免很多麻烦，自己也不会有太大压力。

2. 全部隐瞒：包括孩子和父母，则有可能最终变成一种无法承受的压力，这种状态持续时间长了，就像高压锅一样，最终会爆发，伤人伤己。

3. “三高”女性隐离婚。“隐离”虽然是种新现象，却和中国的传统文化有关，因为社会对于女人离婚还是有一定的偏见，离婚伴随的往往是流言、八卦甚至歧视，所以一些“三高”女性才选择“隐离”。

生活建议

1. 首先不要低估孩子的承受力，与离婚的伤害相比，谎言的伤害程度其实更大。孩子一旦知道了真相，长大以后他会对亲密关系产生不信任和恐惧，对未来的婚姻和情感生活会产生致命的影响。如果孩子已经懂事，不如父母坐下来好好和他谈谈，坦白这个家庭发生的问题，告诉他这不是他的错，父母对他的爱不会有任何改变，这比一味隐瞒效果要好得多。

2. “隐离”属于现代社会的一种“情感乱象”。现在有些人容易把感情弄得云山雾罩的，划不清情感的界限，相互消耗下去，最后自己付出很大的代价，对别人也不公平。时间并不能治愈所有的创伤，婚姻失败是个必须要去面对和解决的问题，长期处于“隐离”这种不确定状态，为了把谎话说圆而整天提心吊胆，最终会导致心理疾患。

爱情恐慌

智愿者：toboe　公考虫　katsu

爱情恐慌，指剩男、剩女对自己的爱情与婚姻所表现出急切盼望和恐慌的心理表现行为。当他们身边的朋友一个个都在无名指上套上指环时，自己仍是形单影只地独守空房，心里的不甘造成了对爱情和婚姻的急切盼望。

产生原因

爱情恐慌的原因方方面面，最主要的原因莫过于自身的条件太高，总以一种美好的婚姻框架来找另一半，现实很实际，找到合适人选而耽误了自己，随着年龄的增长，孤独寂寞，心态起伏，来自家人、社会的压力，心理产生爱情恐慌，这种情况女性最为严重。

主要表现

1. 急于通过各种渠道认识异性，然后获得一段爱情。

2. 因为没有恋情，所以常常下班后无所事事，然后喜欢一个人逛超市。

3. 对于当电灯泡这档子事，既觉得无聊又十分期待。

4. 狂热地喜欢爱情戏里的痴情男主角或是女主角。

5. 清楚地记得自己参加过的每一个婚礼。

当恐慌到一定程度，就把当初的爱情高标准降为通过各种渠道认识异性，哪怕是网络，来解决渴望中的爱情，平息爱情的极度恐慌，爱情恐慌有时候让爱情慌不择路。

恐慌年龄线

爱情年龄的“警戒线”通常为：女生29岁，男生30岁。爱情“警戒线”也和学历有关：大专女生为27岁，本科和硕士是29岁；大专男生是27岁，本科是29岁，硕士和博士是30岁。在25岁以上的女生中，占主体的是本科和硕士，这两者都很受男生的欢迎，如果是大专或博士学历，那自己可就得多主动一点了。

建设性吵架

智愿者：来了啊　桃桃妈　微微可口

建设性吵架，指坦诚开放，公平的争吵，这是一种很健康的心理沟通方式，它可以使人们彼此协调，更加了解相互间的差异。争吵对于爱情、婚姻并不是一件可怕的事情，有些夫妻经过争吵后，彼此的爱恋会更浓厚，公平的吵架，能使人们发泄积郁的感情而减少紧张，轻松气氛。

争吵的原则

1. 把你的愤怒集中在刚发生的事情上，针对现在而不是过去。

大多数夫妻吵架是乱吵一通。尤其是女人，常常翻出陈年旧帐，把过去的失败当做现在的炸药，如果人们把争吵集中在现在的10%上，事情就好办的多了，所以夫妻争吵要因事论事，一旦发现对方有扩大事端的倾向，则可叫停。

2. 知道你们为什么吵架

一些琐碎的事情可能引起争吵，但问题并不大，吵一吵，闹一闹就没事了。因为一些琐碎小事而出现的恶性争吵，其背后往往具有潜伏着的动机。这一点女人常常使用，通常女人不直接开口请求男人满足她们的情感需求，而采取其它形式。如：发脾气、吵架等等。因此夫妻吵架之后要仔细的想一想，为什么吵架。对方真正的目的是什么。

3. 不要争输赢

夫妻之间的关系虽然也属于人际关系中的一种，但不能按一般的理智的方法去解决。夫妻之间吵架没有绝对的有理、无理，孰对孰错之分，它们是一个互动的过程，因此千万不要争输赢。一般而言，正是因为他把你当作最亲最近的人，才向你发脾气。有时侯，妻子常常向丈夫撒娇闹任性，就是不讲理。其实爱是宽容和无私的，夫妻之间如果在日常生活中注意培养彼此之间的感情，必能大事化小，小事化了。否则就会小题大做。

4. 作好争吵后的善后工作

争吵后能够主动打破僵局，求得和解是建设性争吵不可缺少的一环。其实主动道歉，说声对不起，多数情况下就能达成和解。很多幸福的夫妻都有过争吵和争执的时候，他们说“我们是吵过来的”，但他们告诉大家，争吵以后，一定要作好善后工作，否则就会伤害到夫妻感情。

格差婚

智愿者：Judy1988102　530262676　柳林风声

格差婚，源自日本。格差意为差距，格差婚则指男女双方在经济收入、门第声誉、个性、爱好、价值观等方面具有明显差异、差距的婚姻，通常指女高男低的状况。

格差原则

由于格差婚不仅仅是在经济收入方面存在差异，门第声誉、个性、爱好、价值观等方面的差异使得两个人的磨合尤为困难，两个人之间很容易产生矛盾。因此格差婚需要明确一些不能碰的禁区：

1. 当着外人面让他颜面扫地；
2. 抱怨他赚钱少能力差；
3. 凡事自作主张。

幸福主张

1. 肯定他的特长，找到你崇拜他的支点；
2. 男人的事业心和责任感什么时候都不能退化；
3. 一起做关乎家庭命运的决定，一起承担你们的决策；
4. 拥有共同的生活价值观，尊重彼此。

好处

1. 格差男在金钱、出身方面差点没什么，只要正直、善良，会让你嫁得踏实。

2. 格差男虽然在很多方面条件都不如你，但他总有一项打动你的特长，他或许比吴彦祖还要帅，或许能烧得一手好饭菜。

3. 格差男并非没有事业心只是还未得到机会，一旦机会来到眼前，你们之间的差距很可能就会得到弥补。

失败案例

2007年，在日本有“性感女神”称号的国际女星藤原纪香与普通搞笑艺人阵内智则的婚姻，被日本民众评比最不般配的一对夫妻。经过两年波折，这段轰轰烈烈的日本最大宗格差婚终于在2009年3月走到了尽头。

财务出轨

智愿者：科举夺魁 buildwonder 沈小仙

财务出轨，指在钱财方面向配偶撒谎。财务出轨容易引发夫妻间的争执，并降低夫妻间信任度。美国一项民意调查显示：大约31%共同理财的美国夫妇在私房钱、银行存款、债务、或收入方面不诚实。

热词数据

在隐瞒财务状况者中，存私房钱为最普遍招数，占58%。而存私房钱的目的，有高达53．40%的人是为了安全感，因为有了钱，就不用担心没钱的尴尬。54%的人购置小件商品时会隐瞒，16%的人购置大件商品会隐瞒。隐瞒账单和银行账户的比例分别为30%和15%。

调查显示，三分之一的受调查者表示他们曾被欺骗，而且在钱财上欺骗过配偶的男性与女性人数大致相同。

危害

“财务出轨”会影响夫妇之间的感情，调查显示：16%的夫妇因此离婚，11%因此分居，67%夫妇说他们为此争吵过，而42%认为婚姻信任度降低。

《今日美国报》对1001名成年人的调查显示，62%的人认为男人藏私房钱这种行为很大程度上破坏了夫妻间的信任，13%认为男人藏私房钱会导致离婚。其中很大部分人认为男人背着配偶办理信用卡或开账户，设立自己的“小金库”，会和出轨行为联系在一起，例如，出轨的丈夫往往会藏私房钱讨好情人。

潮婚时代

智愿者：海天一线2011　柳溪　不死鸟归来

《裸婚时代》《闪婚》《双核时代》等电视剧走红荧屏，宣告了“潮婚时代”的来临。没房、没车、没钻戒、没婚礼、没蜜月，谓之“裸婚”；省却爱情长跑，“闪婚”一族将一见钟情发挥到极致；大学生一毕业就结婚叫“毕婚”；“已婚”很可能让你成为“掉价商品”，因此，“隐婚”大行其道。“结婚就是一辈子”的传统婚姻观念已被“N婚”模式彻底打破。

最省钱：裸婚

1. 荧幕代表：《裸婚时代》

2. 注意事项：裸婚指的是不买房、不买车、不办婚礼、不买婚戒，直接登记结婚的一种节俭的结婚方式。“裸婚族”必须要有足够的思想准备，以承受来自家庭和经济上的后续压力。“柴米油盐酱醋茶”的琐碎生活，是“裸婚族”面临的最大挑战。

最省时：闪婚

1. 荧屏代表：《闪婚》

2. 注意事项：“闪婚”的危险是用低时间成本换来高代价的情感风险。“闪婚族”婚后如何在激情退去后培养感情基础，进行性格磨合，成为婚姻成败的关键。

最纯情：毕婚

1. 荧屏代表：《当婆婆遇上妈》

2. 注意事项：毕婚指一毕业就闪电结婚。由于刚刚走进社会，“毕婚族”都没有稳定的经济收入，大多数只能靠“啃老”解决结婚费用。而婚后两人要解决工作问题和实现经济独立，并不是一件容易的事。

最神秘：隐婚

1. 荧屏代表：《双核时代》

2. 注意事项：隐婚指已经办好结婚手续，但在公共场合却隐瞒已婚的事实，以单身身份出现，因此也成为伪单身。

如果双方长期有着“不在婚姻状态”的心理暗示，将会减弱当事人的家庭责任感，严重的甚至引发婚姻危机。因此，隐婚者必须分清场合，把握分寸，双方互相协调理解，以不影响家庭和睦为前提。更重要的是，“隐婚”并非“未婚”，要谨记双方的家庭责任，否则容易遭受“第三者”入侵。

感情洁癖

智愿者：最爱3518　sinoalex　痛心的滋味

感情洁癖，指忍受不了对方一点点感情不洁，不论身体还是精神上。比如男的见不得女的跟其他的男的在一起，女的见不得男的跟其他的女的在一起。一旦出现“感情不洁了”这种非正常状态，便因强烈的失望留下巨大的心理阴影，无法自拔。

主要表现

什么都可以乱七八糟，但唯独对感情有高度自制，唯恐被情感之事找上，像避开一双伸向自己衣角的脏手一样避开感情，是感情洁癖。在洁癖中，就是过分要求所谓的干净，放在感情领域，就是过分要求对方所谓的绝对纯洁。一点点咱们看起来正常的举动他她都可能接受不了。比如跟异性说话。

其具体表现为：

1. 希望自己是另一半的初恋；

2. 见不得自己的伴侣和其他异性走太近；

3. 听不得恋人在自己面前提到任何关于前男友或前女友的只字片语。

主要原因

造成感情洁癖的最主要原因害怕受到伤害，有几类人容易出现这种情况：

1. 独生子女。习惯单独待着，唯恐别人近距离接触，没有安全感。

2. 单亲家庭成员。目睹了父母的不幸，渴望着爱情却又惧怕走入婚姻，于是徘徊于两者之间或者干脆远离情感。

恋　商

智愿者：随年　tiger9　艾二三

恋商，全称恋爱商数，是一个人与异性建立、保持亲密关系的能力。尽管长相、年龄、学历、财富等都会影响恋爱的成功与否，但是恋商是决定一个人恋爱成功与失败的关键因素。高恋商的人会真正地去爱他人，也真正地爱自己，他们才能真正体验到恋爱给人带来的快乐和幸福。

基本要素

恋商可宽泛地分为“爱自己”和“爱别人”两方面。

“爱自己”

1. 自我接纳。自我接纳的人对自身及自身所具有的特征持一种积极的态度，能欣然接受自己现实中的状况，不因自身优点而骄傲，也不因自己的缺点而自卑；

2. 自信。自信的人相信自己所具有的能力和价值。

“爱别人”

1. 亲密倾向。个体在其理想的亲密关系中所要求得到、以及所能得到的亲密程度。

2. 沟通水平。个体运用语言和其他方式（表情、动作等）与他人传递信息和意图的意愿与能力。沟通水平包括表达和倾听。

3. 敏感程度。个体在亲密关系中对对方和自己的情绪、需求的感知，以及使用合理的策略进行反应的能力。敏感程度包括对双方情绪的识别，对对方需求的洞察。

4. 婚恋弹性。在面对恋爱过程中的逆境、挫折和创伤时的良好适应能力和反弹能力。自信、乐观、灵活和包容等是婚恋弹性的核心元素。

中国人恋商

中国人普遍缺乏“恋商”。中国的教育从小到大的学习就为了将来的事业和发展，而几乎所有人都认为找一个伴侣是天生就会的。很多人通过电视剧、小说获得关于爱的认识，他们在职业上非常成功，但是在感情上却是小学水平。他们不明白别人的需求以及自己的需求，缺乏爱的能力。这是缺乏恋商的根本表现。

假单亲

智愿者：sinoalex　woaiqiuqiu

“假单亲”一词来自单亲家庭的延伸。在我国的家庭教育中，父亲与母亲的付出总是不对等的，母亲常常是孩子教育的主力军，父亲则往往表现的无所适从，不知如何下手，转而只负责提供物质生活条件。有人把这种父亲教育的缺席称为“假单亲”。

假单亲带来真麻烦

假单亲现象出现的重要原因不在于父亲不主动参与孩子的教育问题，而是在教育中他们往往表现的无所适从，不知如何下手。反之，他们的一些不好的习惯，比如抽烟、喝酒，还会令孩子自然而然地与父亲疏远，最终父子双方都放弃了交流的可能。

有调查指，父亲不良嗜好多的孩子发生恐怖、焦虑和偏执问题的可能性分别是父亲无不良嗜好孩子的2~4倍。多不良嗜好的父亲易沉溺于不良嗜好中，无暇关心孩子的日常生活，也没有时间与孩子交流感情，使其在成长中获得的父爱不足。

孩子成长也需要父爱

在很多母亲看来，照顾孩子理所当然应该是自己的责任，老公工作繁忙，这点小事不应该打扰他。但是恰恰相反，父爱与母爱是完全不同的，在现代社会中，良好的女性特征得到社会的推崇，即会关心人、体贴人，有良好的同情心、善意；而良好的男性特征，即独立、自主、坚强、果断、自信、与人合作、有进取心等也是社会对人的要求。

父亲的言行对孩子良好品质的形成起着至关重要的作用，他是孩子初期教育中重要的游戏玩伴，与正规的教育相比，这种言传身教更有助于孩子正确理解他人的情感、学会正确运用自己的行为反应，更有助于性别角色的正常发展。

“父严子孝”模式的变化

随着社会的不断发展，中国父子关系也渐渐地走出了“父严子孝”的传统模式，爸爸不再是高高在上，而是和孩子做起了朋友，互相尊重和理解，在与孩子的沟通中，一定要注意尊重孩子的想法，虽然年龄不大，但是一般孩子都已经形成了自己的人格，他们有着自己对事情的看法，家长能做的就是尊重他们，给他们充分自由发展的空间，让他们不受到伤害，并给予他们正确的引导。

熟年离婚

智愿者：下自成奚　wanghui6438　池中玉

熟年离婚，源于日本。在日本，人们往往以“熟年离婚”来泛指子女刚刚成人、正在步入老年的夫妻离婚现象。“熟年”指年龄介于45岁至64岁之间的群体，“他们拥有自主消费的能力，勇于追求新鲜时尚，但又面临工作、退休、身体健康、家庭婚姻、性生活等问题或危机”。这一群体是老年人中离婚率最高的群体。

兴起原因

1. 这个年龄段的人处在社会转型时期，他们经受了离婚观念巨大转变的过程，开始追求生活品质，注重精神生活的充裕。

2. 社会环境的宽松和社会交往的扩大，使婚姻当事人的自我选择更自由，中老年人的离婚不会再承受很大的外界压力。

3. 婚外恋正前所未有地威胁着中年男女，婚外恋的增加也促成了中年人离婚率的上升。

4. 大家庭的家庭成员较多，夫妻的注意力和矛盾容易被分散和缓解。随着家庭的小型化，夫妻的矛盾不能有效地被缓解，这也使现在中年人的离婚率比过去增加。

美国政坛离婚潮

1. 施瓦辛格夫妇：失去共同目标25年婚姻解体

阿诺德·施瓦辛格：美国加州前州长，现年63岁。

玛利亚·施莱弗：肯尼迪家族后人，从知名女主播转做全职主妇，现年55岁。

两人感情经历：1977年在一个慈善网球公开赛上相识；1986年结婚，迄今25年，育有四名子女。2011年5月9日，两人宣布分居。

2. 戈尔夫妇：政坛模范夫妻40年婚姻到头

阿尔·戈尔：美国前副总统，现年63岁。

蒂珀：从摄影记者转做全职主妇；现年63岁。

两人感情经历：17岁相恋，22岁结婚；结婚40年，育有4名子女，62岁时分居，宣布离婚决定。

3. 爱德华兹夫妇：33年婚姻因性丑闻而终结。

约翰·爱德华兹：美国前参议员、民主党前副总统候选人。现年58岁。

伊丽莎白：从成功律师转做全职主妇。

两人感情经历：大学期间相恋，爱德华兹24岁、伊丽莎白28岁时结婚，结婚33年，2010年离婚。

old仕史蒂夫・乔布斯高速铁路地沟油校车郭美美伤不起PM2.5蛋监中领华尔街
匆忙症不持有的生活假性减肥永胖孕傻F国泰轻食主义女巫型白领职场损友吸血鬼型领导
分钟计划毒舌上司办公室桌面形象八卦节TVB体数码青瘾诗词混搭体萝莉节培根邮件高铁
离爱情恐慌建设性吵架格差婚财务出轨潮婚时代感情洁癖恋商假单亲熟年离婚时尚
等身材宅内族不能说小姐温柔大男人反潮族维生素小姐没空小姐机男机女阿尔法男极客文
症治愈游戏美人冷感症奢侈心理学断网恐惧症周三症候群A型性格心理卸妆Hold
惑力猫式养生自残式养生晚娘脸裸烹踏生活裸漂中药零食　口效应负营养轻生活人生
领导职场贱民辞职面试守寡式职位2030失业现象乌式就业警歇口袋技能性别落单默声时
搭体萝莉节培根邮件高铁体有种体如果不学体头像性格宋词密码网络情人节私奔体
感情洁癖恋商假单亲熟年离婚时尚奴隶旁时尚字母身材无龄系美女美丽进化宅体假化妆
没空小姐机男机女阿尔法男极客文化粉丝电影怨客中国式父母月亮男读书族音乐族
症周三症候群A型性格心理卸妆Hold住史蒂夫・乔布斯高速铁路地沟油校车郭美美伤不
口效应负营养轻生活人生匆忙症不持有的生活假性减肥永胖孕傻F国泰轻食主义女巫型白
代二群生活模板依赖症90分钟计划毒舌上司办公室桌面形象八卦节TVB体数码
放养诺丁山情结主动单身相亲谎话隐离爱情恐慌建设性吵架格差婚财务出轨
则音乐强迫症腰龄女性爷时代假面时代中等身材宅内族不能说小姐温柔大男人反潮族维生

六 IN时尚

时尚奴隶

智愿者：sophia1149　小孩嗷嗷帅　宁静的心

时尚奴隶，指沉迷在时尚的感觉里，一味追赶潮流的节奏，比如用奢侈的It Bag来武装自己，节食成零号身材，穿着恨天高，露出酷酷纹身……当华衣美服多到衣柜装不下，当化妆品满到从化妆箱里溢出来，人们越来越时尚中，无形地被培养成了时尚的奴隶。

时尚纹身

纹身似乎只是影视明星们被大众八卦的话题，而时下纹身已经成为都市潮人的时尚指标及爱侣的定情信物，纹身已成了时尚奴隶们的标识之一。

时尚曲线

1. 追求零号身材。零号身材起源于美国的服装标准，是最小的服装号码，在欧美，零号最初被用来形容那些很瘦的模特儿，并形成一股“以瘦为美”的观念潮流。为了达到零号身材的标准，一些爱美女性承受了巨大的压力，甚至导致因过度节食而死亡的个案发生，零号身材也随之成为遭受社会质疑的话题。

2. 追求身体曲线。丁字裤有着“臀部牙线”的美誉，她们自然不会放过，而紧身裤和铅笔裤更是美女们炫耀修长双腿的首选。不过，铅笔裤紧迫的裤型压迫腿部神经，让腿部皮肤得不到“呼吸”，容易滋生细菌，可引起膀胱感染，阴道炎，甚至影响女性生育。

时尚高鞋

25公分的驴蹄鞋让穿着者连走路都成问题，但这就是时尚的代表。不过，需要注意的是，“驴蹄鞋”的“安全级别”被欧美时尚界评为最高的A1高度警告级别。

时尚包包

It Bags，意思“一定要拥有的”包。它是最受关注、最热门、预订名单最长的包包的代名词。在欧美杂志、街拍网站上看到一款包包频繁地出现在众多女星们的肩上、手里，它就已成为了潮流风向标，在明星带动下成为了一款It Bags。

穷时尚

智愿者：心　象　toboe　柳　溪

穷时尚，一种生活态度，与追逐名牌赶时尚不同的，穷时尚不用花大价钱用在生活中的消费品，他们认为“穷”反而更有时尚范儿。

热词背景

穷时尚的出现主要是因为当下时尚品人人都有，跟风严重。一个办公室里，超过一半人掏出来的都是iPhone，甚至还有山寨的，哪里还嗅得出时尚的味道。LV、Gucci就更别说了，街上随便一个乡下老太太，手里拎的就是，当然是假的，但是足以让很多白领“呕心沥血”，没那谱就不唱那歌，要不花大钱买的真货也会被人看作是路边摊50元的假货。

至于衣服鞋子，名牌也是几年前的流行风了。现在嘛，去淘宝淘，去高校边的地摊挑，混搭出一身“犀利哥”的行头，也比花钱买名牌做冤大头好。

穷时尚口号

1. 不要6000块的iPhone4，要300块的老款机。

2. 不要LV、Gucci，要设计巧妙的环保袋。

3. 6000元的iPhone4买不起吗？咬咬牙买得起。万儿八千的LV包包买不起吗？咬咬牙也买得起。但要咬这口牙吗？还是别了，因为风头变了，现在流行“穷时尚”。

时尚方法

1. 服装。网上淘和或者去街边店淘，三五百绝对能搭配出一身来。复古的文化衫、便宜的回力球鞋，也能让人眼前一亮。

2. 数码产品。没必要追求新品，IBM重是重了点儿，但未必比不过iPad。手机，诺基亚老塞班用用也还凑合。至于MP3之类的，512M纽曼的也在用，这至少说明你是个数码“先人”。再说，Walkman已成为热门收藏品了。

3. 包包。帆布的环保袋就很好，其中并不乏一些设计巧妙，更具时尚范儿的。

字母身材

智愿者：文思雅　shenshuiyu　兔吉祥

用字母的形状象征女性的身材，如A型身材是上瘦下胖，V型身材是上胖下瘦，而女性要善于搭配衣着来掩盖自己身材的不足。

A型身材

A型身材在视觉上比较占便宜，突出的锁骨和细长的手臂往往会先入为主给人以苗条的感觉，但下肢较胖，底盘比较沉。这是典型的OL身材，也被称为“慵懒型身材”，可以通过一些有氧运动来纠正。

V型身材

V型身材和A型正好相反，这种身材往往上身比较宽大，腰较细，臀部大小适中，从腿部往下开始消瘦，小腿、脚腕尤其纤细。上臂与上半身成正比，有一些脂肪，但下臂较细。V型女人往往是亚洲女人中“最有味儿”、“最妩媚”的一种。因为她们有丰满的胸部和细长的腿型，最适合穿华丽的晚装和镂空高跟鞋。

O型身材

O型身材的特点是上肢和下肢正常，但腰部、腿部脂肪堆积，小肚子较为突出，这种体型的人是单纯性的脂肪细胞增大，很可能体重涨幅并不大，但体型变化明显。她们天生骨盆宽大，腰部肌肉弹性不佳，容易从中间向两端发胖，形成圆润型身材。

H型身材

H型身材的特点肩膀宽，胯部窄，双腿长，胸相对平。这不是一个很女性化的身材，但最少这种身材的女性永远吃不胖，有骨感，是天生的衣服架子。更重要的是，H型身材女人的身体能力、爆发能力较强，运动成绩一定不错。

S型身材

S型身材不光有“V型女”丰满的胸围和圆润的臀部，还有“H型女”细长的手臂和双腿。S型身材的女性在西方人中的比例为27%，而在亚洲，这一比例仅为11%。随着人们对骨感美女狂热的追捧，很多身材姣好的“S型女”不惜通过强制节食、大强度运动等方式迫使自己瘦下来，从而失去身体的曲线。

无龄系美女

智愿者：cai.minhua　小彦　柳林风声

无龄系美女是指无法从外观察觉出实际年龄的女性。她们从内到外全方位的打扮自己，让自己看起来永远年轻漂亮。

热词背景

有人说，女人过了30岁，就进入3D时代（Down，轮廓松弛）、（Deep，皱纹加深）和（Dark，面色暗沉）。其实，并非每个熟女都要经历3D时代，看看周慧敏，再看看徐若瑄，用萧蔷的话说，简直就是“打防腐剂的小龙女”。在港台，这种不老的妖精女统统被冠以“无龄系美女”的美称。

内部保养

1. 合理补充营养素

肌肤衰老，实际上是细胞的衰老，是细胞中的重要物质胶原蛋白的大幅减少。胶原蛋白是人体最重要的蛋白质，皮肤成分中有70%是由胶原蛋白组成的。

2. 注意保养年龄

女性基本上25岁开始皱纹就会产生，到了30岁~35岁，女性衰老的速度就会加快，如果不及时保养和维护，容易让自己变得衰老。

3. 合理睡眠

如果睡眠不好的话，早上起床时都会觉得皮肤很干，而且肤色也会变暗。因此必须保证充足的睡眠。

4. 保持良好心态

其实每个年龄段的女性都有自己独特的美丽，真正的美是来自你的内心，它是无形的，不是塑造出来的。

外部修饰

1. 打粉底。如果粉底太厚重，可能会卡在细纹里，反而会加深纹路。因此粉底轻薄无负担、妆效才能自然。底妆打得好，至少能让人年轻5岁。水润、均匀是底妆关键词。

2. 打眼影。最重要的打亮区域是眼下的三角区。只要把这块区域提亮，全脸的气色都会随之变好。

3. 腮红。在打好妆前乳、上粉底之前，把膏状腮红涂在笑肌处，等底妆完成后，再用刷子扫上粉质腮红，这样好气色就会从内而外"喷"出来，看起自然圆润。

驻颜食物

花生酱。富含维生素E，强大的抗氧化功能不容忽视，常吃能帮助女性抵抗岁月的侵袭。

蜂蜜：净化血液。深色蜂蜜是人体细胞最好的捍卫士，因为它含有丰富的抗氧化作用且能保护细胞的物质，这种物质对净化血液大有好处，还能预防心脑血管系统的疾病。

橙子：维生素C含量很高。增强人体免疫系统和抵御疾病，此外在保养皮肤方面的作用更是不可忽视。

金枪鱼：低糖、低脂肪、低热量，富含丰富的优质蛋白质和其他多种营养素这对于体内铁质不足的年轻女性而言，多食更加有益。

燕麦片：几乎包含人体所需的全部强力营养成分，比如植物蛋白质、维生素B1、维生素B2、膳食纤维、矿物质以及铁、锌等微量元素，它能为你的骨骼和牙齿补钙，并使你整天精神饱满。

美丽进化

智愿者：小彦　千里不留行　柳林风声

人类进化过程中，女性正变得越来越漂亮，而男性的相貌依然如同他们住在洞穴里的祖先一样“不具吸引力”，这是芬兰科学家经过研究得出的结论。此外，外貌好看的父母往往比较容易诞下漂亮的女婴（而不是男婴）。

研究过程

伦敦经济学院进化心理学家金泽智研究发现，外貌好看的父母往往容易诞下女婴，他认为这是“进化策略”在人类DNA里的巧妙设计。

金泽智列出在青少年健康长期追踪研究项目中的两项发现。这一项目由美国政府资助，研究人员调查至少1．5万名美国人，掌握的数据中包括对他们外表的客观评估。

一项发现是，无论男人还是女人都认同“女性比男性更具美感”；另一项发现是，若夫妇都长相迷人，那他们诞下儿子的机率比其他夫妻少26%。

芬兰赫尔辛基大学的研究成果建立在之前伦敦经济学院进化心理学家金泽智所做研究基础上。研究人员分析了1244名女性和997名男性40年间的跟踪调查数据，其中包括他们的外貌水平、子女数量等情况。结果显示，漂亮女性生育的孩子数量比相貌一般的女性多16%。与相貌平平的女性相比，漂亮女性生的孩子更多，并且所生孩子中女孩居多。

男性因素

研究人员发现，对于男性而言，相貌似乎无足轻重。英俊男人在生育孩子的数目上并不比其他男人更有优势。这意味着，男人在“传承”相貌上并无压力。在女性看来，男性能否在女性怀孕期与哺乳期间担当起照顾责任，远比他们的相貌优劣重要。从历史上看，这体现在富裕的男人总拥有更多的妻子和孩子。所以，男人的压力在于要取得成功。

宅休假

智愿者：池中玉　暗湮无光　toboe

宅休假，指节假日期间，不出去旅游，而在家度假。“宅休假”的兴起，更体现了人们对长假的一种理性态度和自主意识。不盲动、不趋众，宅休假不是在荒废时光，而是换种方法休息。

娱乐方式

1. 看完那些一直想看的小说；

2. 去把那个没有攻克的游戏打通关；

3. 去把喜爱的导演的片子收齐看上一遍；

4. 去恶补一下朋友们长篇大论而自己却毫不知情的电视连续剧；

5. 去电子商场买回一堆电脑软件升级一下自己的电脑

……

好处

1. 低碳环保

减少出行，特别是少做长途旅行，可以减少旅途中因为坐飞机等交通工具的的碳排放量，每个乘客在两个小时左右的飞行距离就可以产生出122公斤的碳排放量。所以节假日期间不会选择出行，就等于爱护了人类的地球家园。

2. 避开高峰人流

每次大假期间，各处旅游景点，处处人满为患，没看到什么景致只看到人头攒动。于是，避开高峰人流，在旅游淡季再选择出行。

3. 获得充分休息

长假宅在家中可以调养身心、陪伴家人。长假最大的功能还是休养生息，所以宅在家中可以充分休息，不把假期中的自己再搞得那么累。

化妆上瘾

智愿者：下自成奚、莫小夏、李宛儒

化妆上瘾，指部分女性过分依赖化妆，出现对化妆欲罢不能的“上瘾”心理。其症状主要表现为过分依赖化妆，譬如清晨化妆，有时会因为一点点不如意而反复重来，宁肯不吃早饭或者上班迟到也要化妆到自己满意为止。

热词背景

化妆的意义在于突出优点和掩饰缺点，在对中国、日本、美国三地女性化妆品调查后显示：扣除夜晚睡眠时间，三国钟情化妆的女性中约有5.6%的人认为：没有化妆品的时间限度只可以在5分钟～14分钟之间，超过这一时限，她们均会产生一定程度的心情失控：烦躁、紧张、自责、注意力不集中等问题。对她们来说，化妆品和心情密切相关。

化妆上瘾者最明显的表现就是对化妆的过度依赖，她们几乎不愿意让人见到没有上妆的自己，时刻苛求自己要保持姿态的完美、化妆的完美及其他一切的完美。甚至上妆后不允许自己流汗、流泪或者淋雨，怕破坏了妆容。

心理分析

有心理学家认为，来自社会的压力也是造成化妆成瘾的原因之一，化妆是应对外面世界的“面具”， 化妆品可以增加女性的自信，也是现代礼仪的一部分。

化妆上瘾者通常是对自己要求过高，她们在潜意识里一直努力不懈地追求完美。可能是因为在社会上或生活中遇到的某些不完美让她们感到失望，所以她们就把注意力转移到自己身上，似乎是想用自己的完美来弥补社会和生活的不完美。这也就是心理学上所谓的“心理补偿”。

专家建议

对于女性来说，妆扮过分和妆扮得体之间是没有明显界限的，很难掌握好一个合适的度。澳大利亚著名心理学家兼医学美容顾问利奥·丝荣建议：女性化妆的目的是为了展现出更好的自己，而不是让化妆品成为你心理疾病的根源。须谨慎对待化妆，切勿过分迷恋化妆，否则化妆将成为一种长期的自我虐待。

左右法则

智愿者：遥远遥远　下自成奚

左右法则主要是指人体的一种生理现象，也称左右手法则，指人的五官、四肢、内脏左右两侧都存在着微小的差别，最常见的现象就是“左撇子”。适应人体的左右法则对养生保健有重要的意义。

人体表现

1．手。多数人右手比左手有力，却没有左手温度高。右手靠视觉来指导，而左手靠感觉来指导。男性使用左手的几率比女性高出了3%。

2．脚。研究发现，刺激新生儿的脚底，右脚大多会作出反应，左脚却无反应。到了20～50岁之间，无论男女，左脚接触地面的面积比右脚大。而且，在站立和行动时，左脚主要起支撑地面的作用，右脚主要用来做各种动作。

3．大脑。左脑是知性脑，偏向用语言、逻辑进思考；右脑则是艺术脑，以图像和感性进行思考。

4．眼睛。左眼懒，右眼勤。研究显示，人一般都是右眼大于左眼，而且右眼的使用频率比左眼高一倍。约65%的人主用右眼，32%的人主用左眼，只有3%的人双眼不分主次。主要使用右眼的人，90%的视觉任务都靠右眼完成，另一只眼则只起辅助作用。

5．耳朵。左耳擅长辨别带有感情色彩的声音，右耳则对听到的话记得更牢。这是因为右耳听到的信息会转入左脑进行处理，而左脑的记忆力比右脑好。在任何音频下，左耳识别声音的能力都比右耳强。

6. 鼻孔。人的鼻孔并不是同时呼吸，而是轮流进行的，约每4小时轮换一次。在情绪波动时，多用右鼻孔呼吸，情绪稳定或犯困时多用左鼻孔呼吸。大多数人的鼻尖偏向左侧。用右鼻孔去闻东西时，往往对气味的印象也更好，而左鼻孔具有很强的判断力，辨别气味更准确。

养生建议

1. 大脑。成年人要多活动自己少用的那只手，比如“右撇子”多用左手接电话，可挖掘大脑潜能。

2. 脚：试鞋以左脚为准。人的脚在中午会放大5%至7%，傍晚甚至会胀大10%，所以试鞋的最佳时间在傍晚。一般人左脚大一些，所以试鞋最好以左脚为准。

3. 耳朵。在任何音频下，左耳识别声音的能力都比右耳强。但右耳听到的话记得更牢，因为右耳听到的信息会转入左脑进行处理，左脑的记忆力比右脑好。

4. 鼻孔。有意识地用两个鼻孔交替呼吸，不仅能给左右大脑提供等量的氧气，让人精力充沛，还可以让人从肺底排出大量废气和杂质。用拇指压住左鼻孔，只用右鼻孔慢慢吸气，持续几秒钟，然后轮换。

音乐强迫症

智愿者：sinoalex　于足夭　兔吉祥

音乐强迫症，随时随地戴耳机听音乐而患上的心理疾病。因听到音乐而触动大脑不断回忆以前所听音乐的，病情较轻；在精神紧张时，脑袋随时会像“回声机”一样播放音乐，并且无法控制，病情属于较为严重的。

热词背景

很多编辑、文案、记者都喜欢边听音乐边干活。有人说“噪声污染太严重，不听音乐干不下去”，也有人说“耳朵里不塞上东西就难过！”有的人甚至喜欢重复循环播放着同一首歌……像这样随时随地都在听音乐的行为，医生认为要谨防导致“音乐强迫症”的心理疾病，造成脑袋像“回声机”一样经常有音乐不断回响。

病理特征

1. 脑袋里常常有音乐声环绕，翻来覆去，一响就是几个小时。起初以为听到了外界传来的音乐声，后来竟然在课堂上也能听到，这才明白原来声音来自他的大脑，令他不听都不行。

2. 患此强迫症的人大多数是年龄在15～20岁之间的青少年。他们接触的新事物多，思维活跃，喜欢思考，平时大多喜欢听音乐，不太喜欢与人沟通交流。

3. 因为听到音乐而触动大脑不断回忆以前所听音乐的，病情较轻；在精神紧张时，脑袋随时会像“回声机”一样播放音乐，并且无法控制，病情属于较为严重的。

并发症

1. iPod耳。指的是每天MP3、MP4时刻不离耳，长期使用耳塞、耳机导致噪声性听力下降，听觉出现疲劳、损伤，人体出现烦躁不安、头晕、记忆力减退、思维反应迟钝等情况。

2. 单曲循环强迫症。有时候不自觉的一首歌就听了一晚上，或是一个星期，甚至试过删掉MP3里面的所有歌，只剩一首，然后一个月都还是同一首歌。如果循环全部，会完全不记得自己听过什么，除非遇到特别好听的，才会看看那首歌是什么，然后又把那首歌一直循环播放。

生活建议

1. 听音乐时，正确使用耳机。音量以能听清楚为佳，成人每天用耳机不超过3~4小时，青少年因听觉器官还未发育成熟，每天不宜超过1~2小时。

2. 音乐可以疗伤，但听音乐要有度，凡事过量了会“物极必反”。正确心态积极面对生活、工作，加强情绪锻炼，多方面培养自己的兴趣爱好，面对工作不顺等意外保持平和心态，将自己的目光从手机、电脑、微博等挪开一会。

腰龄

智愿者：池中玉　woaiqiuqiu

腰龄，指腰的年龄健康指数。和人身上许多器官一样，“腰”其实也有自己的“年龄”，据统计，中国人的腰椎平均在40岁左右就会开始明显衰老。生活中，人们的腰部可能在超负荷运转下，提前进入老年。

热词背景

每当说到腰部，关注更多的是腰围和腰的形状，而不是腰的健康指数。在大多数人的脑海里似乎有着这样一个误区，女人的腰是美丽的必杀技之一，而在其他方面的作用却不甚重要，例如女人腰臀比为7：10的时候，才在男人眼中最性感。但从健康的角度来说，腰还是生活的亲密伴侣，腰部的健康关系身体的状况。

自测方法

腰的损伤主要由于生活中长期维持某种不平衡体位，如久坐、长期从事弯腰工作；或习惯性的弯腰驼背等不良姿势引起的。要知道自己的腰龄是否超标，可以参考以下四种情况：

1. 腰疼时轻轻咳嗽几声，发现腰疼加重了；
2. 熟睡一夜后腰痛仍没有缓解，改变体位疼痛仍不能减轻；
3. 平躺坐起，双腿因为疼痛而伸不直；
4. 平躺，将双腿的膝关节伸直，并抬高，抬不到一半就疼痛难忍。

护腰方法

1．要坐有坐相。正确的坐姿应是上身挺直、收腹、下颌微收，下肢并拢或平分，脚掌着地。坐在有靠背的椅子上时，还应尽量将腰背紧贴椅背，以减少腰骶部肌肉的疲劳感。平时不太注意的错误坐姿还有，翘二郎腿、踮脚、靠着椅背仰躺、趴着睡觉等。

2．要控制工作节奏。伏案工作者每一小时起来走动一下放松颈椎和腰椎，每天花1分钟在座位上进行腰部侧转运动。

3．运动是保持腰部“青春”的不二法门。腰部运动以游泳为最佳，因为游泳的时候头向上抬，颈部肌肉和腰肌都能得到锻炼，而且不会对椎间盘造成损伤。

4．鞋跟别太高。不要穿太高的鞋，容易增加腰部的劳累，长期站立、行走者尽量少穿。

女性爷时代

智愿者：wanghui6438　柳林风声　下自成奚　宁静的心

女性爷时代，指越来越多的女性开始走上管理岗位，成为各方面的领导者，女性也掌握着越来越多的管理权、财富及社会话语权。

热词背景

一些在各自领域成功的女性被称为“哥”，甚至被称为“爷”，这种称呼更多被认为是力量的体现，这个力量就包括领导力。如演艺领域的“范爷”已不再只是一名演员，她有自己的演艺公司，自己投资影片，还有学校……所以她可以骄傲地宣称：“我不嫁豪门，我就是豪门。”

在演艺圈之外的领域，更多的女性领导者正在显露峥嵘。在公司的经理层中，女性比例为42.1%，与男性比例的差别日益缩小。女性企业家人数约占中国企业家总数的25%，而且这个比例还在不断增长，这些现象的背后表明走上领导职位的女性越来越多。

热词点评

相对于“娘们”的贬义，形容女性为“爷”，更多的是褒义，被认为是女性力量和能力的体现，是对女性的一种赞美。就像称呼某位学术上有造诣的女性为“先生”一样，是一种敬称。女人天生的韧劲，让她们不轻易服输。在这个女性能顶半边天的社会，女人变得越来越有担当，越来越能干，无论在哪个领域，都能彰显出她们的魅力和过人的能力。

网友看法

1. @醒客话题：“每个女人都在找很Man的男人，结果发现最Man的是自己。”这是最近在微博上流行的一句冷笑话。然而这不仅是笑话，还是当下这个“女性爷时代”的真实写照。

2. @Candy：“女性爷时代，虽然极端但是绝对是现实的一个缩影，男人越来越阴柔，女人越来越中性，社会压力越来越大，而社会关系往往又太脆弱，女人不得不成为‘爷’。”

假面时代

智愿者：wanghui6438　笨笨哥　宁绝非

假面时代，指现代人使用PS软件过度修饰自己的照片，在网络时代，多数人已经习惯于只有将照片PS处理过才上传网络。假面时代除了带给人伪装自己后的美丽效果，有时还使被制造假面者成为网友恶搞的对象，而习惯伪装照片的背后，很多人更开始伪装自己的言谈举止。

热词背景

2011年9月1日《中国青年报》报道：圆脸变锥子脸，麻子脸变得毫无瑕疵……如今，网上流传的照片还有多少没经过PS？随着“晒照片”、“晒自拍”等“晒文化”的流行和图像处理软件的普及，不少网友习惯对照片美化处理。有的照片几经修饰后，其实已严重失真。

《中国青年报》社会调查中心发起的网络调查显示，超过80%的人认为已经进入“假面时代”，这里的“假面”一词专指PS过的网络图片。调查中84.5%的受访者感叹过度修饰照片的现象普遍存在。

美丽受质疑

假面时代，女人都可以是柳叶眉、杏核眼、樱桃小口一点点，男人都可以面如冠玉、目若朗星。过去相亲看照片，见面时相貌气质八九不离十，如今，谁敢单凭照片找老婆？一看照片就知道对方是否为美女的时代已远去，用X光看照片，都不一定能发现照片是借了谁的鼻子、谁的眼睛、谁的嘴巴，以至于人人都说，网络无美女，美女全靠“P”。

装装族

根据《中国青年报》的网络调查，76．6%的受访者坦言，过度“PS”自己言谈举止的人很多，其中18．1%的人觉得“几乎人人都会”，以至于有人发出了“现在谁不装啊”的感慨。

比如生活中没钱的人装有钱，有钱的装贵族；职场中有人装小资、装白领，有人装忙……总之，没有偏要装成有，或者在众人面前作秀，靠卖弄来满足虚荣心，甚至欺骗别人。在物质生活时代，身边似乎永远有一批“装腔作势”的人。

中等身材

智愿者：米兰精灵　范遥

指身高1．62米、腰围0．76米、胸围0．9米、臀围1．03米的这种身材的女性。澳大利亚的研究人员发现，与拥有“魔鬼身材”的超模们相比，“中等身材”的女性更受男性青睐。以前，我们认为平板身材的骨感美人才是男人心中最理想的女性，然而一项研究证明，能够让男人关注的是那些拥有上述数据的丰满女性。

“矮胖”女性最受欢迎

100名男士应澳大利亚研究人员的要求，将200幅女性人体画像按照吸引力的高低进行排序。这些画像包括《花花公子》的插页女郎、模特以及澳大利亚的普通女性。然后，研究人员把调查结果中所显示的受欢迎的人体画像与女性重要的身体数据进行比较，结果让人大跌眼镜。研究发现，普通女性更接近男人心目中理想的女性身材，而最确切的数据就是前面提到的那些。说好听一点，那叫“中等身材”，而说白一点就是“又矮又胖”。

男人不愿与排骨女生活

如果这项研究具有普遍意义，那么千百万身材矮胖、感到自卑的女性一定会备受鼓舞，因为男人们更愿意和她们而不是和瘦骨嶙峋的女人共同生活。

如今的女性生活在一个怪异的世界里，杂志封面上的女孩和女影星在高科技的包装下似乎都拥有完美身材。其实，这一切都是假象。

那些接受测试的澳大利亚人看到骨感模特的人体画像时可能会这样想："噢！又是一些神经质小姐！她们不懂得享受一顿美味的晚餐，只知道吃一些沙拉充饥。没劲！"男人是懒惰的，他们更愿与"低生活成本"的女人生活在一起，这样他们感到更加幸福，因为这样的女人对自己隆起的腹部不会过分挑剔。

梦露也是"中等身材"

从这半个世纪内当红电影明星的变迁——从玛丽莲梦露到妮可基德曼，社会审美标准的变化就可见一斑。梦露就是标准的"中等身材"，即参与调查的澳洲男人梦寐以求的女性身材。尽管梦露是公认的最性感迷人的女性，但她的旧照片只有在经过处理，让她看起来比实际上苗条一些后，才能登上杂志封面。

old住史蒂夫·乔布斯高速铁路地沟油校车郭美美伤不起PM2.5潘甜古领华尔
匆忙症不持有的生活假性减肥水胖孕傻F因素轻食主义女巫型白领职场损友吸血鬼型领导
分钟计划毒舌上司办公室桌面形象八卦节TVB体数码毒瘾诗词混搭体萝莉节培根邮件高铁
离爱情恐慌建设性吵架格差婚财务出轨潮婚时代感情洁癖恋商假单亲熟年离婚时
等身材宅内族不能说小姐温柔大男人反潮族维生素小姐没空小姐机男机女阿尔法男极客
症治愈游戏美人冷感症奢侈心理学断网恐惧症周三症候群A型性格心理卸妆Hold
惑力猫式养生自残式养生晚娘脸裸烹蹭生活裸漂中药枣食口效应负营养轻生活人生
领导职场贱民辞职面试守寡式职位2030失业现象鸟式就业暑歇口袋技能性别落单默声时
搭体萝莉节培根邮件高铁体有种体如果不学体头像性格宋词密码网络情人节私奔体
感情洁癖恋商假单亲熟年离婚时尚奴隶穷时尚字母身材无龄系美女美丽进化宅休假化妆
没空小姐机男机女阿尔法男极客文化粉丝电影怨蜜中国式父母月亮男途书族吝享族
症周三症候群A型性格心理卸妆Hold住史蒂夫·乔布斯高速铁路地沟油校车郭美美伤
口效应负营养轻生活人生匆忙症不持有的生活假性减肥水胖孕傻F因素轻食主义女巫型白
代二胖生活模板依赖症90分钟计划毒舌上司办公室桌面形象八卦节TVB体数
放养诺丁山情结主动单身相亲谎话隐蔽爱情恐慌建设性吵架格差婚财务出轨
厕音乐强迫症腰龄女性爷时代假面时代中等身材宅内族不能说小姐温柔大男人反潮族维

七 IN族群

宅内族

智愿者：katsu　张延伟　江湖百晓生

宅内族，指生活态度积极的“宅一族”，他们提倡的是勤俭持家自得其乐，比如坚持自己在家生火做饭，自己在家洗衣熨衣，再闲着就自己做做运动等。他们精打细算，只为了追求更简单、健康的生活。

族群特征

“宅生族”指的是我们通常所说的宅男宅女。区别于“宅一族”，“宅内族”则是“自己动手丰衣足食”的升级版，指的是经济不景气的时候，将一切外挂式生活消费逐一转为自己动手的DIY人群，总的原则就是尽量不出去花钱，不出去消费。

1. 不再每天到饭馆吃饭，而是坚持买菜回家自己动手做饭；

2. 衣服不再送干洗店，而是自己洗了自己熨；

3. 不再跟着大家起哄去电影院看电影，而是买些碟片在家看；

4. 需要有彪悍的独立生活能力，还要有一定的生活品位和个性，另外对当前物价也必须纯熟于胸。

5. 花最少的钱，过最丰富的精神生活。有钱没钱，一样得过日子还得把日子过得精彩，选择了“宅”，也就选择了一种内敛而理性的生活智慧，“宅”也是需要全心全意投入的。

6. 热衷于在生活里的一切元素中加入自我色彩，他们信奉脚下即是世界，在自己的小天地中，劳动最光荣。

扩展阅读：科技宅男

科技宅男，指一些爱科技的男孩子喜欢宅在居室搞一些古怪的发明。美剧《生活大爆炸》中4位古灵精怪的“科技宅男”，将这类曾被视为怪异者的“边缘人物”引到舞台中央。“聪明”、“另类”、“点子多”成为其新标签。一直被视为高智商、古怪、笨拙的理工科“宅男”，如今在此间一反过往形象，来了个360度大翻身，被称为科技宅男。

不能说小姐

智愿者：柳林风声　青科员　张焕容

不能说小姐，指热爱八卦的，会把办公室里的各种大小道消息有时也包括自己的私生活信息透露给那些她们认为“信得过”的职场闺蜜们，然后到了最后一定会再加上一句“不能说，千万不能说给别人听”的嘱咐话语。

主要特征

1. 在“不能说小姐”的眼里，让同事们了解自己的生活状态是危险的。

2. 叫别人知道自己是某个八卦的源头也是危险的；或者，仅仅让别人知道自己是某个八卦的知情人都是危险的。

3. 某位同事不经意的某句话、老板的某种神色，都会成为她们苦思冥想的依据。

4. 不能接受自己对于办公室八卦毫不知情。

5. 经常陷入传播还是不传播八卦，对别人传播的八卦怎么反应才最安全的苦恼之中。

职场建议

对于一些无伤大雅的职场八卦，可以适度与同事分享。但是以下几点则是“八卦”禁忌：

1. 办公室恋情。办公室恋情的“八卦”人气名列第三名，足见大家的兴趣程度了，但是办公事恋情在很多公司还被列为禁忌，所以最好还是少八卦。

2. 办公室政治。当公司里有拉帮结派现象的话，身为小职员的你还是夹起尾巴做人，少说话多做事吧，得罪了谁都没有好下场，沦落为办公室政治的牺牲品可就得断送你的前途了。

3. 老板私事。可以八卦老板今天的衣服、妆容，但是千万别八卦他（她）的私事。

4. 千万不要把听来的公司八卦写在Blog、微博里。

5. 班车、茶水间、餐厅、洗手间等是公用场所，如此敞开式的环境实在不适合说小道消息，除非想加剧八卦的传播速度。

温柔大男人

智愿者：青科员　宁静的心

温柔大男人，指的是事业有成，兼顾家庭生活，定期给女性买各种礼品，要上得厅堂、下得厨房的极品好男人。现在好男人的标准现如今是越来越多元化，只有钱不行，只有地位不行，只长得帅也不行，傍款爷早已过时，找酷男也已出局，泡帅哥更是只被当作一场游戏，温柔大男人正走俏在这个多元时代。

热词背景

“温柔大男人”一词在天涯论坛及新浪微博引来不少争议，成为热门话题。随着天涯一篇以“小女人晒幸福”的帖子发出，其中大量关于女性择偶标准的内容引来无数争议，其争议点不仅在于“女人是否应该要求事业型的男人还要兼顾家庭”，更引申出了许多社会学家所说的“好男人稀缺”现象。针对这场空前火爆的网络争论，不少网民戏称这是一次对男权社会的挑战。但更多人则认为，理性看待此事不难发现，如今女人对男人的要求有些过分了。

主要特征

以天涯主贴对“温柔大男人”的定义来看，这个男人必须是以事业有成为前提条件，同时需要兼顾家庭生活。

1. 他要懂得为女人牺牲自己的大量时间，同时社交必须向家庭公开透明。

2. 不仅要按时下班做家务，还要定期给女性买各种礼品。

3. 与此同时，这个男人的社会地位和日常工作还不会受到影响，是绝对意义上“上得厅堂、下得厨房”的极品好男人。

4. 充满男人味。该强势的时候强势，不该强势的时候一定会缓和，要能给女人安全感，不是说你发飙了就是男人表现。

网友观点

1. 许多小女人心中的好男人标准，就是会赚钱加陪自己。工作八小时要时刻挂念着，八小时之外，睡觉还得紧紧搂着……实际上，成熟的女人应该是理智的，不应该反复“意淫”男人应该这样应该那样，因为男人内有父母要孝顺，外有工作事业要操心……如果遇到了觉得好的男人，应多看他身上的优点，可以忽略他不温柔的一面。

2. 社会学家认为，男性的责任包括对父母、妻子、儿女、工作等。当一个男人的所有时间只放在工作和自己的妻子身上，说明他并非“好男人”。当前都市生活压力巨大，男女双方应多一些体谅，而非增加更多苛刻要求。

反潮族

智愿者：wanghui6438 丁小排骨 焕容

反潮族，指反潮流的新族类，他们的生活作派和对待工作思路，好像是和现实反着干，比如买的起汽车，却坚持骑自行车；少发邮件，多用笔写信，用书法对抗打印机，不阅读电子书，喜欢纸质书……反潮族的生活有它不同寻常的真谛，反潮流生活也成为了陶冶性情，自得其乐的快乐生活方式。这个群体的“反潮族”大多是“80后”。

主要形式

1. “家庭妇男”的反潮流。男人照样能当好“家庭奶爸”，只要利于家庭和谐，男人也可以走到女人的身后，因为都是为了爱。

2. 职场工作的反潮流。现在工作如此难找，为什么不能凭借自己的本事来赚自由的钱呢？我的工作我作主。

3. 精神的反潮流。比如不发邮件、发短信，而是用方格纸写信，相比电子邮件、短信的生硬，这里面有了更多的温情。不在网上阅读电子书，而是捧起真正的书本开始书香纸墨味道的阅读，体会文字的灵魂。不喜欢赠人鲜花，更喜欢亲手种植绿色蔬菜和植物，用天然和真诚赠朋友欢喜。亲手去种植鲜花果实，不仅能陶冶自己的性情，还能给朋友送去真诚的欢喜。

4. 物质的反潮流。买得起汽车，却更喜欢骑自行车上班出行，既符合环保，也锻炼了身体。在衣着发型上，他们不会盲目追赶名牌和时尚，只崇尚衣着舒适即可。在发型上，他们不会接受发廊的各种化学物品，不染发不烫发，不做夸张的发型，他们喜欢头发的自然颜色，男士喜欢干净清爽的短发，女士则喜欢清汤挂面的自然碎发。

点评

反潮族看上去是跟时尚和潮流反着干，其实他们大多只是希望按照自己的想法去生活和做事，想要找到一种怡然自得、发现自我的生活方式，更有种逆风而上的大智慧。

维生素小姐

智愿者：下自成奚　柳溪

维生素小姐，指用维生素、蛋白粉等营养素代替正餐的女士们。她们每到吃饭时间，就会吞食各种维生素，有的甚至用药丸代替午饭，并美名其曰“科学减肥”或“内在调养”。无论是标准的“维生素小姐”，还是正在努力中的“维生素小姐”，对她们来说，“体重、身材、美容”都是不可忽视的驱动。

热词背景

旅美作家陈燕妮曾在《遭遇美国》一书中描述美国人：“大把大把地、有滋有味地嚼着维生素，就像小孩子吃糖一样平常。”如今，以瘦为美的时尚流行、现代生活的繁忙和紧张、电视和广播媒体的推崇、以及所谓的“办公室效应”等因素，催生出越来越多的“维生素小姐”。深海鱼油丸、钙食品片和维生素片成了她们每天必不可少的元素，甚至成了粮食和蔬菜的替代品……

食谱样例

早餐：大多时候根本不吃，最多一杯牛奶，加上几颗维生素。

午餐：绿色蔬菜和几颗维生素，外加一个苹果，或者其他水果。如果吃肉，会选择鱼肉。

晚餐：维生素胶囊，外加水果和零食，不饱食，处于半饥饿状态。

维生素过量的危害

1．维生素E。长期大量服用，会引起血栓性静脉炎、肺栓塞、高血压、肌肉萎缩，以及全身倦怠感、乳房女性化等危险。

2．维生素A。长期大量服用，就会出现毛发干枯或脱落，皮肤干燥瘙痒，食欲不振，体重减轻，四肢痛，贫血，眼球突出，剧烈头痛，恶心呕吐等中毒现象。

3．维生素D。防治佝偻病的药物，长期大量使用就会引起低热，烦躁哭闹，厌食，体重下降，肝脏肿大、肾脏损害，骨骼硬化等病症。

4．维生素B1、B2。过量食用维生素B1，会引起头痛、眼花、烦躁、心律失常、浮肿和神经衰弱。临床妇女大量使用维生素B1可引起出血不止。过量服用维生素B2，会导致恶心、呕吐、乏力、贫血、低血压、尿液变黄。

5．维生素C。大量内服，可引起腹泻、胃酸过多、胃液反流、肾结石，并可降低某些妇女的生育能力。

生活建议

1．维生素本身属微量营养素，不能提供人体所需热量，以它为食会不断地消耗人体所储存的能量，会破坏人体平衡和健康。从减肥角度出发，靠服用维生素来代替主食的方法并不健康。

2．发现缺乏某些微量元素的情况下，可在正常饮食的基础上适量补充些，但是一定要把握一个度，谨防原本有益的维生素变成“危身素”。

没空小姐

智愿者：cassidy小小　下自成奚　柳溪

没空小姐，指常常以“没有空”为理由拒绝别人邀约或者请求的人。比如处在恋爱年龄段的女性常因为各种各样的理由而没时间去约会，其实这些女性大多是有时间的，只不过是因为抵触原因找各种各样的理由拒绝而成为没空小姐。

热词概况

话剧《下班抓紧谈恋爱》中这样描述到：“一天24小时。睡觉8小时，上班8小时，吃饭1小时，洗澡半小时，再加上上厕所、说废话、排队等车、堵车……剩下的时间真是少得可怜。于是，我们没有时间谈恋爱、没有时间当老公老婆……”难道，只能因为“没时间”而做孤家寡人？

“没空”一开始可能是一种时间管理不善的真实表象，但是到了后来，“没空”却成了她们的一种习惯行为和潜意识行为。有没有时间做一件事情，很大程度上取决于你是不是笃定真地非常想做这件事情。其实，“没空”有时候用来搪塞别人，更多的时候用来搪塞自己。

主要人群

1．正在事业起步期的人，或者事务繁忙且自我管理欠缺的人。她们大多深陷事务之中，焦躁而疲惫。

2. 自我感觉良好的“社会精英”。她们的口头禅是：“对不起我没时间，会议中”、“对不起我在出差”、…… 而“电话不断、会议不断、出差不断”，这更像是一种自我的心理安慰，这样才是“成功范”。

3. 恐惧社交的人。她们没有信心在社交场合表现得令自己满意。

生活建议

1. 不要把时间表定得太满。可做可不做的事情，不要写在时间表上。勇敢关掉电脑走出去，到朋友中去。

2. 乐观地对待每个邀约。只要快乐就够了，不要考虑太多的结果。

3. 杜绝自己说“没空”。真正忙碌的人，从来不说“没空”，他们会说，我看一下时间表，或者说是否可以换个时间？“没空”是一种消极应对，更是推托之词。

机男机女

智愿者：遥远遥远　孙力　唐宝云

机男机女，指陶醉在网络虚拟空间，沉迷于智能手机等科技的人们。机男机女往往不分男女老少，他们喜欢刷微博、使用电纸书看小说、喜欢QQ聊天，他们可能在现实生活中不善言辞，然而一到网络上便侃侃而谈，异常活跃。

主要表现

1. 不管有事没事，只要有条件就会开电脑，开机首先习惯性登录QQ、MSN等。

2. 打字飞快，熟练掌握各种时髦网络词语，至少有5个QQ或MSN等聊天工具群。

3. 要找人或关注别人近况，就上QQ、MSN，要么在线聊天，要么进空间、上博客。

4. 喜欢网络沟通。接到朋友电话时，经常会挂掉电话转到网上聊。就算在同一间办公室只有一步之遥，也经常用信息交流：“一起吃午饭？”“好的。”“那现在出发。”“电梯口见。”

5. 在网上无话不谈的朋友，见面后不知道说什么。

6. 心情有起伏，马上换签名、改资料或换头像，像得了强迫症。

7. 结识新朋友，先在QQ等聊天工具上添加好友，不加等于不认识这个人。

8. 好友聚餐时，席间总会出现一段时间的“空窗期”，都沉浸在自己的网络世界里，玩手机，发短信、发微博、读小说，或者是用手机上QQ。

易发“疾病”

机男机女由于长时间醉心于网络或手机等，身体容易产生一些不适应症状。

1. 智能手机强迫症。拥有智能手机的人会常常不自觉地刷机、玩游戏以及收发信息刷微博，一般而言，查看一次手机不会超过30秒，这其中还包括只是单纯的将屏幕锁打开或者是链接到手机的任一程序。

2. 短信脖。指数码人群长时间使用数码产品勾着头发短信、输入文字时造成的脖子疼痛，严重者还会引起头疼、肩膀疼、和手腕疼痛等。

3. iPad手。iPad粉丝常常会长时间玩游戏，手腕悬空，肌肉和神经无法负荷反复和过度的活动，就有可能发生水肿，导致食指或中指疼痛。长时间、频繁地在屏幕上做点、划、拨等动作，或会引发手指屈曲腱腱鞘炎，被称为iPad手。

阿尔法男

智愿者：自成下奚　柳溪　沙驼

阿尔法男，指在群体中游刃有余、一切尽在掌握之中的“老大型”男性。对“阿尔法男”来说，压力有助于大脑的进化，“阿尔法男”的成功在某种程度上也是拜压力所赐。

热词背景

阿尔法（α）是希腊文的开首字母，英文写为alpha，它在天文学中指星座里最亮的那颗星，在动物行为学里，“alpha male”则指的是社会性动物中占据最高地位的领头雄性，延用至人类社会里，则指那些具有领袖气质的，易成为某领域和场合主导的男性。

美国普林斯顿大学的研究人员在《科学》杂志上发表了一篇有关狒狒行为心理的研究成果的文章。他们发现，在群体中扮演头领角色的雄性狒狒，相较于群体中级别较低的雄性成员，更易紧张、焦虑。研究者认为，尽管这些雄性动物们表面看起来平静，但实际上承受着更大的压力。科学家们相信，对雄性狒狒的研究结论同样适用于人类，那些“阿尔法男”为了在追求异性、金钱和权力时占据绝对主导位置，付出了极大代价。而要保持在社会阶层中的较高位置，其实会使人的压力达到顶点。

寿命或较短

参与该研究项目的苏珊·阿尔伯特教授表示，通过近十年的研究，他们发现，“阿尔法”雄性动物在繁衍后代上确实具有优势，但另一方面，其寿命与其他雄性动物相比偏短。维持自己的权威地位需要精力，“阿尔法”雄性动物更易冲动并具有攻击性，高压下罹患疾病的风险也较高。

中国8年来共有72名亿万富翁死亡，其中17名死于自杀、19名积疾早逝。这些身为企业高管的富翁中，死于疾病的平均年龄在48岁，而所患疾病中多数为心血管疾病和癌症。此消息或从一个侧面印证了普林斯顿大学的研究结论。当今年轻女性们大都对权势人物趋之若鹜，“阿尔法男”们确实在财富、权力地位，在繁衍后代上占据了“优势”，但压力与焦虑，却损害了他们的健康。

扩展阅读

贝塔男，指成就平平，但性格温和的男孩。他们善做家务，对待婚姻和伴侣也更加关心和体贴。但人无完人，一个拥有贝塔男气质的人，就不能指望他顶天立地为你扛住一切，贝塔男天生的劣根性是在主流社会里不太混得开，也许害怕应酬，害怕竞争，他们才甘心退居二线，成为女人背后的男人。

极客文化

智愿者：海中土　宁静的心　小孩嗷嗷帅

极客文化，是一种新的反主流文化，崇尚自由思想和离经叛道的"计算机嬉皮士"形象，网络和技术正在成为时代的主流之一，令人惊异的产品及电影、音乐和游戏充斥这个世界，让人们心甘情愿地成为骄傲的宅男或宅女。

热词背景

网络和技术的内容正在渗透进各个文化领域，《连线》这种原本只有极客会关心的杂志，都快变成大众读物了。极客文化影响所及的人也越来越多，在《生活大爆炸》等美剧中，出现了大量以我们传统观念里的书呆子和怪人为主角的故事，这恐怕是极客文化迈向主流的标志之一。

极客

极客来自于美国俚语"Geek"的音译，一般理解为性格古怪的人。最早极客是对那些残忍的马戏表演者和不食人间烟火的计算机癖的老式称谓。很长时间在西方文化里极客的意思一直偏向贬义。直到PC革命初期，极客开始衍生为一般人对电脑黑客的贬称。但如今随着互联网的日益普及，那些一直被视为怪异者的边缘人物，突然被历史之手推向舞台的中央，转变成为社会主流，极客们自己却对"局外人"的身份感到骄傲。

极客包括宅男、宅女、书呆子、理工科专家、疯狂的电脑玩家等。这群家伙往往智商超群、善于专研却又头脑简单，情商基本≤0。正常人总是觉得极客沉迷于虚幻世界中是一件很不理智、极度幼稚的事情，故而看不起极客。然而，极客们却在网上如鱼得水，尽情地交流、发泄、创造，享受着属于自己的狂热。

粉丝电影

智愿者：柳林风声　下自成悉　toboe

粉丝电影，指主打粉丝群体，用偶像明星作为票房保障的新类型影片。粉丝电影对“粉丝”这一特定人群有着非看不可的意义，因此即使制作低廉，也能有很好的票房收入，从周杰伦的《不能说的秘密》，王力宏的《恋爱通告》，以及杨幂的《孤岛惊魂》中都得到了验证。

热词背景

随着越来越多电影以主打青春偶像明星为卖点，粉丝电影逐渐形成气候，“粉丝经济学”也成为电影票房的制胜法宝。每一种偶像都有她的粉丝。明星的崛起，本质是粉丝的崛起，粉丝在更新换代，他们投射于偶像明星的感情，会或多或少地主导影片类型的衍变。粉丝电影是典型的“海盗经济”，它让小成本电影取得高票房不再是昙花一现的奇迹。人们走进电影院的原因不再是单纯地“欣赏一部好电影”，而有可能是各种理由：看明星、看故事甚至仅仅是看热闹。

特点

1. 群体：主打粉丝群体，重点消费粉丝的购买能力；主演多为偶像明星，尤其是人气明星；制作成本较低；通常票房收入较高。

2. 营销：对偶像的粉丝群体进行分析。

3. 价值：歌手跨界，扩大了电影演员的选择范围，也为歌手和偶像拓宽了发展空间。

4. 弊端：受众面较小，主要由粉丝自掏腰包支持偶像，多次观影是种无谓浪费。缺乏有影响力的导演参与拍摄，整体品质尚待提高。

扩展阅读

爆米花电影。指看完就忘没什么回味的电影。通常是场面火爆，没什么内涵、可以不用思考，能消磨时间的电影。

小妞电影。指那些剧情比较轻松浪漫，多半以女性角色为核心，男性退居配角的爱情电影。这类电影比较时尚化，以都市爱情为主题，且一般是以女主角先失落倒霉开始，然后通过自信自立而赢得男士心仪，最终成眷属的团圆结局。

怨　蜜

智愿者：柳林风声　下自成悉　toboe

怨蜜，指女人在心里已把友谊变成怨恨的闺蜜。每个女人心里都藏着一点对闺蜜的羡慕嫉妒恨，闺蜜随时都有可能变怨蜜。

主要特点

1. 你风光时，她跳出来有底线地尖酸刻薄你。

2. 你落难时，她真心实意陪你哭天抹泪；她跟你八卦，过"嘴瘾"损你，除了让你脊背发冷，最重要的还有，你是她唯一介意的出气筒。

3. "怨蜜"有照妖镜的功能，她装着你的前尘旧事，没有她们，女人不会害怕犯错，不会担心授人以柄。

4. "怨蜜"以她们的敬业精神督促着女人眼手心并用，尽力活出不被挑拨的人生。

心理分析

女人由闺蜜变成怨蜜，大多因为两个方面的原因：

一是酸葡萄心理：我们那么相似，为什么你要比我过得好，这种好已经打破了我们之间的心理平衡，这种念头像从冬眠中苏醒的毒蛇，把蜜变成怨。

二是甜柠檬心理：女人最怕的是锦衣夜行，就像刚穿上新裙子的小姑娘，恨不得昭告全天下自己的快乐，却很少顾及对方的失落。这种行为很幼稚，也更容易破坏友谊，把蜜变成怨。

交往建议

触及以下3条闺蜜高压线必成为怨蜜：

1. 闺蜜的隐私。无论时间怎么改变，友谊是否存在，守护朋友的秘密都是做人的底线，如果因为羡慕嫉妒而出卖朋友的隐私，那就逃不脱被鄙视的下场。

2. 闺蜜的感情。不要染指闺蜜的男人。

3. 闺蜜的危难。尽管已经习惯性地在她得意时踩上一脚，三天两头给她泼冷水也是你的拿手好戏。

中国式父母

中国式父母的典型特征是从小到大，父母对子女的学习和生活全面包办，让子女没有自主选择的机会。不少中国孩子的成长历程印证了这个观点，引起了很多人的共鸣。这种“以爱为名”的方式并不能得到所有人的认可，网络上甚至掀起了一轮对“包办人生”的讨伐。

典型人物

虎妈，原名蔡美儿，属虎，因在美国社会采用中国式父母的教育方式而引起巨大争议，被称为“虎妈”。

虽然蔡美儿的两个女儿是美国人，但她一直秉承着“中国妈妈”的教育方式对待她们。蔡美儿为女儿索菲亚和路易莎列出严苛家规“十不准”，当女儿没有按照要求去做时，蔡美儿甚至直接出口骂“垃圾”。

在蔡美儿的教育下，两个女儿4岁就开始阅读萨特的文章。长女索菲亚14岁便在卡内基音乐厅登台表演钢琴独奏。路易莎在少年交响乐团中担任主要演奏者，此外功课果然门门拿A。两个女孩和妈妈感情很好，还敢开妈妈的玩笑说她“疯了”。

蔡美儿指出中国父母得以“成功”的三大特质：不理会孩子的自尊心；认定孩子必须孝顺父母；坚信小孩子不懂事，需要父母指引。

网友恶搞

@闲时白日梦：这一看就是没孩子的人写的，五岁开始太晚，人家都是生下几周报游泳，几个月报亲子班。

@有财拍案：补充，25～28岁：孩子，我给你付了首付。40岁：孩子，我给自己在养老院报了名。

@晶天的太阳：35岁，儿子，我帮你抱孩子。可怜的父母。

@彭胜昔：36岁我给你报了在职研究生班；39岁我给你报了鹊桥会；45岁，我最后打起点精神给你报了孤儿领养申请表……其实这个孩子从小到大只要报一个自由与独立而已。

@吕承竣：40岁我给你报了……50岁我给你报了……60岁，孩子我报不动了……

@神州笑谈：70岁了，我给你排队登记了经济适用墓地！

月亮男

智愿者：热爱太阳　雨雪冰柔　黄色甲壳虫

月亮男，指男人像月亮一样，把光明留给了大众，把黑暗留给了家人。意指在外面交际如鱼得水、口碑相当好，但到了家里拿冷屁股对着配偶或是长辈的男人。外人对他们的评价特别高，职业好、收入高、朋友多，要说和这种男人过不下去，真的没有人会相信，但是他们带给妻子孩子的却的的确确是无尽的黑暗和痛苦。

特征

1. “月亮男”最大的特征就是表里不一。

2. 难以捉摸了，行踪莫测。

3. 这一类人有学不完的习，加不完的班，应酬不完的朋友。

4. 一般在社会上有一定的社会名声。

5. 白天在外光鲜亮丽，对上司、对客户、对朋友……晚上很晚才回家，倒头睡，不理家人妻儿。

扩展阅读

1. 经济适用男

经济适用男是和“月亮男”截然相反的另一种男人，也叫经适男，是指那些身高一般、发型传统，相貌过目即忘；性格温和，工资无偿上缴给老婆；不吸烟、不喝酒、不关机、不赌钱、不泡吧，无红颜知己；不闹绯闻，不找情人，有家庭责任感的月薪

2000～10000元，有支付住房首付的能力。网络上有女白领深度分析了“经济适用型男”可嫁的理由：嫁给好男人，无异于嫁给好的生活。

2. 牛奋男

牛奋男踏实肯干，人品第一，经济第二，是像牛一样忠诚、也像牛一样能为家耕耘的男人。正所谓“俯首甘为孺子牛”。他们在勤勤恳恳创业的同时希望对方能陪自己为将来打拼，共同为生活努力。“牛奋男”的主要特点是暂时没有良好的经济基础，却有可靠的人格魅力和信得过的品质，他们在勤勤恳恳地为生活努力，拥有上进心，对家庭对感情非常执著。他们属于传统本分类型的男人，忠诚度高。

途书族

智愿者：陈小蓓　小彦　热爱太阳

放眼周围，越来越多的人习惯在旅途中随时随地的看书：地铁上、公交上、火车上、飞机上，人们手上捧着的不是散发墨香的纸质印刷品，就是下载的电子书和时尚杂志，“途书族”已成风景。

热词背景

“途书”，顾名思义，就是在旅途中阅读的书。这一概念自2011年提出来以后，迅速成为图书市场给力热词。途书是旅途中的好伴侣，它不仅让人消除寂寞，打发无聊时光，还能在除去欣赏沿途风景的时候，得到精神的风景。

在生活愈加繁忙和动态化的今天，在电子阅读日益普及的今天，越来越多的人开始习惯在乘坐地铁或入住酒店时，利用途中的闲暇时间来读书，同时他们也从网络上下载越来越多的电子书，用电脑或iPad、Bambook电子书等电子终端来阅读。与传统阅读方式比较起来，这些新的阅读载体也都在潜移默化地改变着人们的阅读方式和口味，人们更加喜欢那些轻快的，能在短时间内放松身心或给工作、生活带来收益的书籍。

扩展阅读

地铁孜孜族。“人的一生应当这样度过：当他回首往事的时候，不因虚度年华而悔恨，不因碌碌无为而羞愧……”地铁孜孜族就是这样从不虚度好时光，即使在等地铁，即使在地铁里站得左晃右歪，即使在换乘大军里蜗行，他们都不浪费一分一秒地发重要短信打业务电话看英文电影读当天报纸听最新歌曲玩酷睿游戏打瞌睡养神，“闲着是可耻的”。

移动阅读。指人们运用手中的手机、MP4、PSP等数码产品，在地铁或公交车里边走边读的现象。大都市中每日拥挤的地铁里，手捧电子阅读气见缝插针、无视拥挤只顾痴痴阅读的年轻人是一道别样的风景。

吝享族

智愿者：柳　溪　小　彦

他们收入虽然不高，但追求高质量的生活，他们懂得享受生活，但更懂得规划生活。“花最少的钱，享受好生活”是他们奉行的信条。他们就是当下引领潮流的“吝享族”。

吝享心态

“吝享族”大多为“80”后、“90”后年轻人，他们刚参加工作、收入不高，但却有着乐观的心态，不以“吝啬”为耻，懂得客观地追求高质量的生活。他们的这种“吝享”行为，在物价高涨的今天，受到越来越多人的追捧。

@右岸樵夫：你花20万在豪华酒店吃饭泡妞，他花30块在星巴克喝咖啡看书，我只是拎着一块五的矿泉水到珠江边发呆。弄不好，后者心情更好。挣钱不多，但懂得花最少的钱买最大的享受的人，就是吝享族。抓住当下，放松生活，不要总为未来焦虑，绷得紧巴巴的，不要成为虐待自己的同谋。

@小胖妞77：昨天老同学聚会，席间一姐妹一直在抱怨工作太累，身体吃不消，完全没有自己的生活可言。记得刚毕业那会儿大家都很羡慕她的去处。鱼和熊掌不可兼得，做个吝享族挺好。

吝享方式

“吝享族”虽然挣钱少，但旅游、购物、时尚生活一样不少，他们懂得花最少的钱买最大的享受，去国外旅游、到香港购物、参加腐败饭局……生活质量一点都不低。如何做到的呢？一起走近“吝享族”的生活吧。

购物：团购为“吝享族”们提供了更多的“花最少钱买最大享受”的机会，一折甚至零点五折的化妆品、针灸减肥、美容SPA、健身游泳卡……都是不错选择。“吝享族”逛街买衣服最爱外贸店、折扣店，转季的时候买衣服折扣低、在实体店试穿在网店购买最省钱……这些都是公开的秘密。

饮食：在家下厨自然最享受，要是不会做饭的话，找朋友一起拼饭很实惠，六七个人或者三四个人凑一桌，每人点个菜，平均下来就便宜了，人越多越划算，又能享受到美食。

旅行：如果有充分的人脉资源，“自助游”是不错的选择，当然，出外旅游要选择最便宜的交通工具。

八　IN心理

心理罢工

智愿者：柳溪　兔吉祥

心理罢工，指员工对个人工作积极性和主动性的有意放弃。心理罢工的员工只做他们不得不完成的工作，而对其他工作，就算表面上不拒绝，但至少在内心中感到厌烦，工作中一拖再拖，直到不能拖时才勉强去做。

热词背景

出现心理罢工的原因有很多，常见的原因有：职业倦怠、拖延症。上班族在一段时间的紧张工作之后，最初的心理储备逐渐被消耗，个体自己感觉智慧被掏空了，情感被耗竭了，意志被消磨了，所以会表现得工作的积极性和主动性降低。有些人尽管表面上没有明显地拒绝工作，但心里却对工作感到抵触、厌烦。工作质量不如从前，工作进度也是一拖再拖，直到接近最后期限，才打起精神来勉强交差。

职场建议

1. 对于职业倦怠，工作是没办法改变和拒绝的，那么要想办法让自己休息一下，比如休假、旅游等，让自己短暂地离开工作场所，或减少在工作地点停留的时间。通过“换个环境”、“休养生息”等方式，寻找新的工作灵感，焕发出新的工作热情和希望。

2. 因拖延症导致的心理罢工人群，则要考察自己的能力、兴趣、特长、性格等与职位、企业文化等是否匹配，是否真的愿意从事这个工作，并享受这个工作。如果不行，可试着提高自己管理时间的能力，培养自己管理情绪的能力，改善自己的行动力等。

自慢达人

智愿者：谢晶涛　振翮　米兰精灵

自慢达人，指有独有的专业能力和优秀的职业操守且在企业不可被替代的人。日文中形容自己最拿手、最有把握、最专长的事情，叫作“自慢”。

级别等级

1. 初级自慢达人：会站在别人的角度考虑问题；讲信用；具备行动力；聪明且有耐性；每个细节都追求尽善尽美；随时随地在学习；敢于挑战；能够超额完成任务。

2. 资深自慢达人：某个领域的专家；善于发现改善自我的空间；勇敢承担责任、面对危机；善于发现危机；逻辑重于直觉；与公司同舟共济；具备主人翁精神；放弃不必要的奢华。

3. 骨灰级自慢达人：懂得管理老板；在逆境中能坚持；会为团队打造和谐的气氛；能够把复杂的事情简单化。

自慢攻略

1. “职业塑造”能力强。一定要在自己擅长、有兴趣、有人脉、有发展空间的方面发展。

2. 职业定位。定位准确，事半功倍；定位不准确，事倍功半。认识自己容易，但看出哪些职业有发展空间是需要做大量功课的：面上的、点上的，都要关心。面上，是要看社会需要；点上，是要看行业趋势。确定这些，要多浏览信息、广结良师益友，同时，要有决断力。有的人，做事优柔寡断，职业锁定就会出现困难。

中产焦虑症

智愿者：坏吉吉　疯狂海盗　柳林风声

中产焦虑症，指中产阶级因高物价、高房租、过劳死等社会现象而产生对未来预期的担忧症状。他们认为自己的所得并非不劳而获，而同样是来自“血汗钱”，甚至相当数量的收入是在以透支生命，吃青春饭的方式获得。他们不断努力工作得到所需，却渐渐失去理想。

热词背景

作为中间阶层，中等收入群体本应是社会的稳定器。然而，畸高的房价透支了很多人的半生财富和青春，再加上“短腿”的社保、高强度的工作、子女教育、户籍门槛……国内的所谓“中产”背负着种种生活压力，在“房奴”、“车奴”、“卡奴”、“孩奴”众“奴”加身的窘态之下，“中产阶层”成了不折不扣的“中惨阶层”，纷纷患上焦虑症。

焦虑表现

中产焦虑症主要源自以下几个方面：

1. 存在对人身及财产安全受到危害的恐惧。
2. 对私人财产权缺乏法律保护的焦虑。
3. 工作狂变成了过劳死。
4. 职场如战场的升职压力。

5. 从小资情调跌入机械生活。

6. 时尚攀比成为阶层压迫。

7. 小本投资的患得患失。

8. 上有老下有小的家庭压力。

从未停止的中产之路

2003年1月～2005年6月

南京大学社会学系主任周晓虹领导的课题组在北京、上海、广州、南京、武汉等大城市进行了中国中产阶层的大型调查。调查结果显示，85．5%的中国城市居民认为自己属于“中产阶层”，在媒体及公众中掀起了一场“中产”讨论热潮，并初步形成了“中国式中产”定义。

2005年9月

中央提出改革收入分配制度和规范收入分配秩序(其核心思路被总结为六个字：提低、扩中、调高，其中“扩中”即扩大“中间阶层”)，统计局也同时提出了年收入6万~50万元的中国中产阶层标准，第一次将中产阶层的发展纳入国家战略。

2008年5月

中国社会科学院陆学艺教授发表《中国社会中产阶层调查》，调查结果显示，中国社会有23%的人属于中产阶层，引发社会各界广泛的“被中产”质疑。

2010年6月

在北京工业大学与中国社会科学院联合推出的《2010年北京社会建设分析报告》中，将北京中产阶层人数认定为540万，并以超过40%的比例得出了“中产阶层主流化”的结论。

精神空巢

智愿者：文思雅　小蜜蜂110　柳林风声

精神空巢，指中国第一批“独生子女”的父母渐渐进入退休阶段后，而这些独一代又处在压力最大的年龄阶段，导致他们无法常回家和父母团聚和沟通，这些独一代的父母由原来的子女常不在身边的形式空巢转变为的真正精神孤独的精神空巢的现象。

热词背景

2011年9月，普陀区人口计生委、上海市人口与发展研究中心联合发布的一份《上海市第一代独生子女家庭及养老问题研究报告》显示，78．8%的“独一代”父母已经退休，“独一代”已婚子女与父母同住的只有27．6%，43．4%的“独一代”因工作忙而无法亲自照顾父母。这第一批响应国家计划生育号召的父母，已渐渐由“形式空巢”转为“精神空巢”。

社会问题

“独一代”父母早在50岁之前就因子女教育已经开始经历“家庭空巢”，中年空巢期加上老年空巢期，时间长达二三十年，由“形式空巢”转变为“精神空巢”，更容易产生心理和精神问题。与物质方面相比，由精神空巢带来的养老、敬老问题更为突出。流行歌曲《常回家看看》获得的广泛共鸣就很好地佐证了精神空巢下老龄关怀问题的严峻。

解决方案

要解决“精神空巢”这一社会问题，多办些养老院是可行的解决方案之一。它既能满足老人需求，又能拓展就业，也可为子女减轻负担，但资金来源如何解决等方面的问题，则需要更多的关注和思考。

扩展阅读

精神赡养。指在家庭生活中，赡养人理解、尊重、关心、体贴老年人的精神生活，在精神上给予其慰藉，满足其精神生活的需要，使其愉悦、开心。新修订的老年人权益保护法草案在“精神慰藉”一章中拟规定，“家庭成员不得在精神上忽视、孤立老年人”，特别强调“与老年人分开居住的赡养人，要经常看望或者问候老人”。

女巫情结

智愿者：张焕容　兔吉祥

女巫情结，指都市女白领热衷于各种方式的占卜、算命，比如玩塔罗牌、看星座密语、出门前看黄历，身上挂件转运饰物，电脑里存几个算命软件……除了职场升迁，“剩女求嫁”占了女性求问感情问题的一大部分。她们把风水占卜当成一种减压的手段，当成时尚的生活方式。

热词背景

2011年，一项网络调查显示，喜欢看带有神秘色彩图书的女白领占41%；拥有护身符的占72%，其中超过半数的女白领认为它可以保佑自己；相信求神拜佛的占53%；相信命运安排的占27%；因为好奇和其他原因算命的占75%；预测自身命运和帮助自己选择的占24%；相信风水能影响命运的占62%，其中78%相信可以人为改变风水。

现在很多人气极旺的网络算命论坛，汇集了门类齐全的算命方法，例如抽签算卦、四柱八字、手相面相、星相塔罗等等不一而足。在论坛上的人几乎清一色全是办公室白领。

心理原因

1. 派遣烦恼。现代白领生活中的诸多烦恼让她们不知如何排解。大到与男朋友吵架、小到自己的钱包遗失，比如问：“已经分手的男朋友是否会回头”、“与现任男友会不会结婚”、“自己的桃花运何时能出现”等等。甚至婚姻中遇到第三者也会靠星座、占卜来演算一番。凡是存在不确定因素的事情必求之玄学和算命。

2. 寻求自我安慰。部分热衷这种“占卜”的白领说，并不是完全相信，而是想通过这样一种方式来自我安慰，自我缓解压力。如果预测一天运势好，心情就会放松些；如果预测运势不好，工作中出现什么错误，也会释然，自我安慰成运气不佳。

3. 给自己信心。很多人对于命理都是不大信任的，基本上抱着试试看的程度比较多。其实是想听到好消息给自己信心，所以女生从心理上更倾向接受这些东西。

压力上瘾症

智愿者：沈小仙　农村姑娘有点靓

压力上瘾症，指埋没于重重任务之中不能自拔的症状。职场中许多人在工作上会投入很多精力，一旦停下了周而复始的工作，就会不知所措，甚至产生被抛弃的失落感。

症状表现

1. 无所事事会有罪恶感，停止工作会无所适从。上班的时候盼着周末，到了周末却很烦躁，无所适从；不用工作的时候，脑子里还是工作的事。

2. 即使找不到压力的理由，他们也会没事找事，给自己制造一点压力。否则就会觉得心里空落落的，好像自我价值没有充分得以实现。

3. 认为自己做得越多，就越成功、越有价值。

4. 朋友在一起，谈工作神采飞扬，谈其它兴致寥寥；看新闻、聊信息，心里盘算对工作有无价值。

职场建议

1. 不要认为自己是世界的中心。即使你停下来，周围世界依然照样运转，工作依旧有人接手。

2. 培养耐性，分出个轻重缓急来之后，再做反应。

3. 接受不完美，不要苛求别人，也不要苛求自己。

4. 懂得如何通过调节工作量，生活除了工作，还有许多有意义的事。

5. 听音乐、阅读或者运动，都是舒缓压力的好办法。

小测试

1. 每天都像上紧发条的时钟一样转个不停?

2. 生活像在赛跑?

3. 停止工作会觉得无所适从?

4. 总在报名参加各种名目的学习班?

5. 无所事事时会觉得有罪恶感吗?

6. 一旦丈夫（妻子）提议去旅行，总会说“明年再说吧”?

7. 工作起来很不开心，可不工作更不开心?

8. 是不是总感觉自己身处竞技场，人生像一场总也赛不完的赛事?

9. 压力太大了，让自己对周围的一切都感到紧张不安?

10. 是不是对周围的一切都没有好感，讨厌工作、讨厌朋友、讨厌自己?

如果有6个以上的YES，就该注意了，可能患上了压力上瘾症。

治愈游戏

智愿者：青科员　宁静的心

治愈游戏，是指在网络上陌生人互相心灵疗伤、心灵慰藉的一种方式。心理专家表示人作为独立个体具有较强的利己性，但人又是一种群体动物，这又让人具有利他性，寂寞网友的网络治愈游戏可以看做是在利己性无限被放大的现实下，利他性的一种群体爆发和释放。

热词背景

2011年8月，新浪微博上出现一条治愈游戏文字：留下你的电话号码和想听的歌，如果有人会唱就唱给你听。想象某一天心情难过郁闷不开心，接到一个陌生的电话，传来的是你最想听的那一首歌。也许五音不全，也许严重走调，但是声音却很认真很执著，你内心肯定会充满小感动小幸福。该微博号召网友接龙下去，后回帖的人为先回帖的人唱，并等待再后来的人为自己献歌。

游戏方式

1. 温馨送歌：在网络留下你的电话号码和想听的歌，如果有人会唱就唱给你听。有网友表示看《裸婚时代》哭得稀里哗啦，一个陌生男生打来电话，唱了《好久不见》，这个给陌生人打电话的治愈游戏真的很不错，很感动很开心。

2. 晚安道别：需要慰藉的网友留下号码后，便会接到活动发起人的电话，大部分网友都会简单地聊几句，互相问候，大家会觉得很温暖很开心。

生活建议

人在感到孤独无助的时候有‘向内求’和‘向外求’两种排解模式，第一种是探寻自己的心灵世界从而解决问题，第二种则是求助于他人。治愈游戏属于第二种，虽然能够给人带来短时的温暖和慰藉，但如果过于依赖这种游戏排遣空虚，反而可能使自己更空虚。

远离家乡亲人，在外工作的白领，应工作之外注意培养固定的深入的友谊，开发健康的业余爱好，或者通过阅读等方式使自己“内心变得强大”。

美人冷感症

智愿者：buildwonder　不死鸟归来　农村姑娘有点靓

美人冷感症是指一些漂亮的女孩子在长大以后，人虽然变得越来越美丽，但性格却很孤僻的现象。她们不仅让男性退避三舍，就连女性也与之保持距离，让人感觉难以接近。

症状

患了“美人冷感症”的表现虽然多种多样，但一般都心理矛盾重重，处于严重的紧张状态之中，她们或焦躁，或傲慢，或嫉妒，或抑郁，或冷漠，或孤独，最后可引起身心性疾病。随着年龄的增长，这些人的怪僻言行更加明显，甚至成为“神经质”、“心理变态者”。

1. 眼中无人。她们往往不能正确估量自己，把漂亮看作一切，自恃孤高，盲目骄傲。对于同性，常表现出居高临下的样子，对于异性，则大多采取不屑一顾的姿态。

2. 同美相妒。自恃美丽绝伦，一旦遇到另一个漂亮的同性，嫉妒心理便油然而生，甚至旁人对这些漂亮者进行赞扬时，她也会感到难受，以为是对自己的挑战和威胁。

3. 孤独无友。由于以上三种原因，造成的恶果就是她们与周围同事关系疏远以至紧张，久之便形成了孤独性格，产生孤僻行为。

4. 孤芳自赏。她们时时刻刻都在想着自己比别人漂亮，无论是穿戴举止，都要超过别人。

克服方法

1. 学会真实。实话最好说，不假思索，怎么表达都是真的；谎话最难讲，怎么编也编不严实，不小心就说漏了。

2. 学会幽默。有风趣的女孩，大多是十分乐观的人。具有积极向上的人生态度和百折不回的精神，使沉重的生活显示出轻松，减少烦恼。

3. 学会大度。有胸怀的女人，让朋友感到放心，感到安全，所以平时生活比较轻松，很少惧怕什么。能够完全展示自己的内心世界，因为她们自信即使自己想错了，做错了，也不会影响朋友们的感情。

奢侈心理学

智愿者：微微可口　竹子

奢侈心理学是指当大多数人在面对自己突然增加的财富时，他们毫不犹豫地选择奢侈品来表明自己新的经济和社会地位的心理现象。他们购买奢侈品的前提不是体现在使用价值上，而更多的是体现在炫耀性的虚荣心上。

主要群体

1. 在中国奢侈品购买者多是40岁以下的年轻人，而在发达国家，这个市场的主导者是40～70岁的中年人和老年人。

2. 中国人奢侈品大部分还集中在服饰、香水、手表等个人用品上，而在欧美国家，房屋、汽车、合家旅游才是大家向往的奢侈品。

3. 中国奢侈品消费的主力军实际上是中产阶级。巴黎百富勤公司给他们的定义是：家庭资产30万以上、年收入10万左右。因为收入不够，他们只能通过购买名牌相对便宜的配件来暗示自己也是富裕阶层的一员。

心理分析

就如现在流行的说法："吃了什么不重要，重要的是和谁一起吃，在什么地方吃"。其含义是，跟谁吃饭代表着心情愉悦程度，在什么地方吃饭则代表着品位和对某种口味的喜好与心情愉悦。

所谓“小资情调”不过如此，一个愉悦的环境，私密的空间，这些不是商品本身带来的，而由服务带来。如今中国人的消费观念会从简单的必需品消费上升到需要精神满足的消费，奢侈品的购买前提是不体现在使用价值上的，而更多的是体现在炫耀性的虚荣心上。

扩展阅读

包法利夫人。指停留在买品牌包阶段的女孩，语出《时尚》杂志专栏作家孙哲。因为她们收入不够，只能通过购买名牌相对便宜的配件来暗示自己也是富裕阶层的一员。这样的消费者在价位相对较低的奢侈品消费中占有很大比例。

未富先奢族。指工作不久，积蓄有限，却又热衷于昂贵的奢侈品的一群人，由于生活攀比、从众心理的影响，未富先奢族在上班族中不在少数，其中以外企公司雇员最为典型。

断网恐惧症

智愿者：微微可口　下自成悉　紫　灵

断网恐惧症，亦称网络戒断综合征。多发群体为学生和上班族，表现为如果没有网络，便会感觉自己无法继续生活。网络已经深深地介入了人们的工作和生活，当网络已经成为语言，断网意味着“失语”。每一次断网，都让那些以网络为生的人生活濒临瘫痪。

症状表现

1. 心神不定，如果突然没有了网络，就会觉得心慌、无聊，更不知道事情要从哪里入手。

2. 随着网络的崩溃，整个人也可以说是处于崩溃的状态。觉得一切工作都无法继续，生活与工作陷入一片混乱。

专家建议

1. 适当断网

要正确看待断网，有时候要适当断网，这样不但让眼睛暂时离开电脑，同时也有了和周围人沟通的时间。不要太依赖网络，要适当的调节身心，适时的断断网，去参加一些朋友之间的聚会，让自己的身心都放松一会，慢慢的就能克服“断网恐惧症”了。

2. 多当面沟通

不少办公室白领，他们的共同之处就是电脑是工作的必备工具。大多数上班族都有这种习惯：有事没事都把MSN和QQ在网上挂着，要找人时，第一个念头就是上网或者网上留言；即使是最亲密的朋友，也只是在网络中交流，很少当面交谈。同事都在一个大办公室工作，不妨大声说几句话来交流，中午一起去吃午饭，一起散步等等。

周三症候群

智愿者：qiqi是　柳林风声　下自成奚

周三是一周最中间的一天，这一天，人容易对现实问题感到焦虑和担心。其实周一并没有人们想象中那般沮丧不堪，周五也并非是情绪的“顶峰”，职场上班族情绪的最低点是周三，被称为“周三症候群”。

热词背景

研究者称，周三之所以让人感到沮丧，是因为上一个周末已经过去，而下一个周末似乎还遥遥无期，人们仿佛坠入到“工作的泥沼中”。心理专家表示，坐班族对“周三症候群”体会最深。

经过了一个周末，周一回到工作岗位后，从休闲状态转向忙碌状态，两种截然不同的状态相切换，往往会促使他们形成一个新的兴奋点。而兴奋状态在两天后的周三自然衰退，坐班族又完全适应了一成不变的工作状态，于是情绪随之走入低谷。

另一方面，周三接受的信息更多，极易造成信息焦虑。进入人们视线和大脑中的信息越多，心理受到的冲击和负累也就越多，以致让人感到疲惫和焦虑。

应对措施

1. 要了解情绪起伏的规律，如周三情绪低落，不妨把繁杂的工作放在周一、周二做完。

2. 把周三那天的工作安排得尽量丰富又容易完成，不同工作的转换会让人兴奋起来，容易完成的任务能给你足够的成就感。

3. 极端一点，在周三这天挑战一项新任务，不做别的事情，就集中精力攻破这座“堡垒”，也能让人精神振奋效果也是不错的。

A型性格

智愿者：江湖百晓生　九头怪蛇

A型性格，这样性格的人动作匆忙，办事的节奏快，有时间紧张感，争强好胜，遇到困难也不罢休，对任何事情都有一种不满足感。A型性格的人，由于对自己期望过高，以致在心理和生理上，负担都十分沉重。

行为特征

A型性格的人，由于对自己期望过高，以致在心理和生理上，负担都十分沉重。他们被自己顽强的意志力所驱使，抱着“只能成功，不能失败”的坚定信念，不惜牺牲自己的一切，乃至宝贵的生命，拼命直奔超出自己实际能力的既定目标。主要行为特征如下：

1. 雄心勃勃，争强好胜，对自己寄予极大的期望。

2. 苛求自己，不惜任何代价实现目标。

3. 以事业上的成功与否，作为评价人生价值的标准。

4. 把工作日程排得满满的，试图在极少的时间里，做极多的工作。

5. 终日忙忙碌碌、紧紧张张，不知道放松自己，极不情愿把时间花在日常锁事上。

健康隐患

心理学研究认为，“经常想到有许许多事情要做，却没有时间去做”，这种左右为难的复杂心态，会使A型性格的人紧张、忧虑而心力交瘁，高血压、心脏病、溃疡病便会随之发生。

有统计表明，85%的心血管疾病，与A型行为有关。同样，有关研究也表明，A型性格与冠心病的发生密切相关。在心脏病患者中，A型性格达98%。尸体解剖检验证明，A型性格的人，心脏冠状动脉硬化的，要比B型性格的人高5倍。有关专家认为，其原因是：A型性格能激起特殊的神经内分泌机制，使自己血液中的血脂蛋白成分改变，血清胆固醇和甘油三脂平均浓度增加，而导致冠状动脉硬化。

生活建议

怎样才能解除A型人在心理上和生理上的过度紧张和压力呢？方法如下：

1. 制定一个符合自己实际能力的目标。
2. 在时间安排上要预留回旋的余地。
3. 严格划清工作与休息的界线。
4. 培养业余爱好，增加生活情趣。
5. 经常参加体育活动，提高机体承受能力。

心理卸妆

智愿者：张焕容 玲子娱乐

心理卸妆，就像女性每晚睡前卸妆一样，把当天心绪整理一遍。将白天不快乐，能引起郁闷、焦虑的不良心态想办法去除掉。通过精神上的自我解脱，消除"焦虑、如履薄冰"的不良心态。

简介

女人每天化妆，是为了给别人留下一个精致的印象，而卸妆是为了让自己感到更轻松舒适自在。心理卸妆也是如此，如果不懂得如何为自己减压卸妆，那么生活只会越过越糟糕，日子只会越过越平庸。

工作或生活上的失误，往往会给人造成心理负担。旁人的吹毛求疵、说三道四，加上身边缺少可以倾诉的对象，更容易使人无力自拔，产生无形压力。在这种环境里，人们的情感、行为相互作用，容易造成情绪波动，只有寻求一种有效的解脱方法才会放下包袱。这种有效的方法就是"心理卸妆法"。

方法建议

"心理卸妆"的关键是重树生活新目标和自信心，不沉溺在以往的过错中，消除内疚、不安、焦虑等一切不利因素，以一种过去了就过去了，重要的是拥有一个快乐的明天。

1. 在临睡前沐浴时，想像自己徜徉在一条水波清澈见底的小河中，回忆当天那些不愉快的经历，想像它们正被滔滔河水全部清除，随波而去，随后带着这种轻松的心情尽快入睡。

2. 躺在床上，先做几个深呼吸，尽量放松全身，不想负面记忆，畅想一天中的快乐之事，在愉悦中安然入眠，或者默念一些鼓励自己的话，如“我是一只不受拘束的鸟，在天空尽情舞蹈”，“我有信心从过往的失误中积累更好的工作经验，从而过上天天快乐的日子”……

扩展阅读

白日梦减压法，指的是在白天工作非常繁忙压力很大的情况下，找10到20分钟营造一个放松的环境让自己的心情放松一下。这个放松的过程就是做白日梦，倾听自己心里的声音。白日梦减压法在心理学中有一个类似的术语叫“棒棒糖疗法”。在欧美，由于不少人在放松的过程中选择吃棒棒糖，这种减压的方式也相应地被称为“棒棒糖疗法”。

后 记

2011年5月13日，教育部、国家语委发布《中国语言生活状况报告》。报告显示，新词语、热词已成为新的信息传递方式，中国互联网迈入“热词”或“词媒体”时代。互动百科提出的“词媒体”概念，是以词为核心传播内容的全新媒体形态，最大限度地加快媒体信息的记忆和传播。

互联网的高速发展，让人们走进了“信息碎片化时代”。获取信息的途径多样化，信息被切割，呈现零散化趋势。“词媒体”以其凝练精准的特点，便于记忆和传播，在信息碎片化时代独树一帜。

从“欺实马”到“3Q战争”，互动百科的400万名智愿者用“词条”这种独特的形式记录着当下发生的历史，通过独特的WIKI精神推动着事件的发展。他们创造的“IN词”具有浓郁的“微文化”的特征，成为网络文化中最有代表性和生命力的表现形式之一，也使得互动百科成为网络热词的发源地和发散地，并对传统媒体产生纵深影响。

在互动百科网站上，诸如“谣盐”、“撑腰体”这样生动有趣、忠于记录社会的原创网络热词层出不穷。这些词语由网友自主创建、相互修改，对每个词的内容进行的各种修改都会在网站上留下痕迹，可以看到是谁出于什么原因，在什么时候，改过什么内容。一个词条的修改历程，清晰地展示了相关历史事件诞生和嬗变的脉络。网友可以知道这个词在时代里的衍生，并能追溯到它的过去。

中国移动手机报与互动百科合作推出的“IN词”专栏，是互联网和手机媒体相结合的重要传播方式。每天一早，互动百科新锐有趣、贴近生活的IN词通过移动终端推送到全国近5000万用户的手机上，使互联网热词的传播更为广泛，影响更为深远。

《IN词记录中国》以手机报“IN词”为基础，记录热点事件、流行文化，突出“浓缩新知、记录当下”的特色，以词语的形式盘点正在发生的历史。

著名学者张颐武先生说“你不懂词，在互联网里没法活。”词语正在帮助我们记住这个时代，互联网的发展和词媒体的勃兴使得网友有了参与汉语维新的机会，给予了汉语前所未有的生命力。我们身处一个伟大的时代，我们正一起用词语记录着一个伟大传奇的开端。

互动百科创始人、董事长兼首席执行官　潘海东